自律上癮

BEHAVIOR / THOUGTT　　5 / 9 / 5　　SCIENCE

從行為科學、腦科學出發，融合道、法、器、術，運用行為心理學，以**28道策略**讓你戰勝拖延、養成自律並樂在其中

Addicted to self-discipline

何聖君 著

前言

你知道嗎，一旦一個人對自律這件事上癮，那將會十分「可怕」！

電影《三個傻瓜》（*3 Idiot*）的主角阿米爾罕為了演《我和我的冠軍女兒》（*Dangal*），體重暴增二十五公斤，再用五個月的時間瘦回原樣。有人說：如果一個人能控制體重，那他便能控制一切慾望。

又如著有《刺殺騎士團長》、《1Q84》、《挪威的森林》等百萬暢銷著作的作家村上春樹，也被譽為自律狂魔：他每天凌晨四點起床寫作，必須寫夠四千字才停手；每周跑步五十公里以上，堅持三十年沒斷過。

事實上，我也是一名半路出道的作家，從二〇一六年開始到現在，包括本書在內，總共撰寫了六本已出版的書，另有二本待出版；我寫了超過二百萬字，其中第六本《熵減法則》一推出就在噹噹管理新書榜排名第一，新書總榜排名第二十四；而第四本《熵增定律》雖然不能與村上春樹的著作相比，僅為十萬冊暢銷書，但也在網路書店管理書榜霸榜前三名超過一百天，和一些國外知名的著作，比如稻盛和夫的《工作的方法》、彼得．杜拉克（Peter F. Drucker）的《杜拉克談高效能的5個習慣》（*The Effective Executive*）這些曾經讓我仰望的作品同框。

更重要的是，這些著作都是在我全職工作之餘，利用早晨五點到六點的時間完成的。不過有趣的是，在我親身實踐自律的過程中，根本不會覺得堅持做這件事情很累，更不會被各式各樣的娛樂誘惑，總能把專注力發揮到極致。

或許在很多人看來，自律的人努力得可怕，有堅強的意志。但是事實上，自律上癮的人卻享受其中，還收穫了累累碩果。

很多人讀到這，可能會感到難以置信，心想：自律上癮也太難了吧，到底要怎樣才能做到？的確，自律這件事，對許多沒有系統學習過相關知識的人來說，的確不容易做到。

日常生活中，很多人晚上睡覺前總有成百上千個想法冒出來，但第二天起床，卻拖延症發作，遲遲無法實踐；他們有時會為自己的拖延而自責，於此同時，卻對自己總是沒辦法改變人生而深感無力。每一天都過得浮於表面且匆忙，實際上卻沒什麼成果。

如果我說，以前的我，也是上述這樣，你信嗎？

以前的我也曾是「重度拖延症患者」，晚上總是捨不得睡覺，早上又爬不起來；主管交代的事情也非要快到截止日才急匆匆去做。我甚至還曾經遊戲上癮，玩網路遊戲到三更半夜，完全沒有把時間用在自我提升上。

那我是如何戰勝拖延、變得越來越自律的呢？

二〇一三年的冬天是我命運的轉折點。那天，我拿著四．五分（滿分五分）的績效自評報告去和主管面談時，被告知最後只能評為三分，我瞬間感覺心灰意冷，黯然離開主管辦公室。之後的一段時間，我也想過到外面去尋找機會，但那時的我能力平平，沒有亮眼的業績成果，因此雖然投了上百份履歷，卻沒有一家企業回覆我，最後只能忍下所有的委屈。

盧梭說：我們的痛苦，正是從我們的願望和能力的不相符之中產生。因為不相符，那時我根本沒有選擇的權力。但痛是一體兩面的，**而人都是痛醒的**，所以後來我經常聽到一個聲音在心裡發問：難道你這輩子就這樣了嗎？

於是，我開始大量閱讀關於自律的書，努力實踐這些書裡講的方法，但總是剛開始有熱情，沒幾天卻堅持不下去了；直到二〇一四年年末，我接觸了心理學，發現曾經看過的那些關於自律的方法，都屬於「理論性很強但過於『雞湯』」，比如告訴你早起的好處，但就是不告訴你怎麼樣才能做到，要如何養成早起的習慣。這些內容不僅沒有系統，還都是些「把目標當方案」的寫法，很多都缺乏符合人性的可操作性。

但心理學不一樣，它是一門真正順應人性的學問。於是，我開始在行為心理學領域大量拓展自己的知識量。在研究了近百本心理學著作後，我才體會到，克服拖延、保持自律，實際上是行為設計學、心理學、腦科學的一部分，只有使用符合人性的方法，再配以適合的工具，這個過程才可能變得簡單易行，讓人能輕鬆堅持。

而這些，也恰恰證明了我過去花了那麼多時間，學了那麼多錯誤知識是何等的無效。

人們常說：菩薩畏因，眾生畏果。普通人總是簡單粗暴地盯著「果」，想讓其改變，這是沒用的，而優秀、聰明的人會選擇改變「因」。

很幸運，我找到了「因」，這個曾經讓我無法自律、無法讓我變得強大、無法達成能力三級跳的「因」。這也正是一個普通人能真正做到自律上癮的底層機制。

理解了該底層機制後，在二〇一五年年底，我的身上發生了驚人的改變。

我使用「強動機起床法」把自己的起床習慣時間從最開始的早上八點，逐步調整到早上七點四十五分、七點三十分，直到五點。

同時，早起那段時間成了我的「第三空間」。在這段無人打擾的時間，我開始根據我的興趣和研究方向撰寫在網路平台發表的文章，使用「費曼學習法」，不停地用輸出反向推動輸入。

沒幾個月，就有出版社聯繫我。他們欣賞我的文字和內容，希望能把它們變成書，影響和改變更多人。

於是，我又使用「單機版OKR（Objectives and Key Results）工作法」，拆解自己的任務，僅僅只用四個月，就完成了《博弈心理學》、《營銷心理學》這兩本書的書稿，其中第一本著作《博弈心理學》在香港以《超實用博弈必勝書》的書名再版；第二本著作《營銷心理學》也經常躋身當當網心理暢銷榜行列；第三本著作《行為上癮》和第五本著作《了不起的自驅力》更是受到中國著名商業顧問，前微軟戰略合作總監劉潤推薦。

是的，我用這套行為心理學方法找到了我的人生使命：在我的有生之年出版五十本書，幫助所有想要改變自己的人，以及有策略地成為更好的自己。

從一個默默無聞的網路成癮少年、拖延症患者、工作上沒有選擇權的人，再到透過不斷實戰、不斷總結，在工作之餘成為一個自律高手和暢銷書作者的人；從傳統製造業，跨足網路業，成為前喜馬拉雅應用軟體的多條業務線負責人，再到如今成為電子製造業副總經理……這一路走來，每一步我都經歷了不少艱辛和蛻變，每一步我也都真正的深有體會。

今天，我想把這套看得懂、學得會、做得到的方法傳授給你，希望你不用繞路，能用行為設計心理學的方法，輕鬆戰勝拖延，做到自律上癮。

本書中，我和經驗豐富的圖書企劃，將這套高效率自律的方法，根據道、法、器、術分為四個部分：

道的部分包含了五大底層思維模型，講的是從頑固拖延中解脫的信心。

我們以其中的「第一步思維」為例：很多人做不到自律，往往是因為從來只把自律當成一個口號，或者有這樣一個目標，卻始終找不到第一步到底該如何落腳，甚至缺乏動力去落實這第一步。

法這部分講的是自律九步法，告訴你如何斬斷源頭，把拖延反覆發作的機率降到最低。九步法能讓你看清楚你現在在哪裡，你要到哪裡去。九個步驟裡不僅有目標，還有具體的方法和關鍵點。這就像你玩遊戲時，已經預知了前方可能會有什麼陷阱，也就知道怎麼注意；九步法教你如何提升思考品質，避免因選擇了錯誤的方向而耗費太多寶貴時間。總之，理解並運用九步法會讓你事半功倍。

器這部分介紹了自律上癮的工具，這是經過我的檢驗，幫你成功的事半功倍的自律利器。每一位優秀的武士，都該配有先進的武器，在「器」的部分，我介紹了五種核心工具來幫助你自律，每一種工具都是我親身體驗，篩選出來之後，才推薦給你。

術這部分是在操作層面教你如何自律，讓你無須拚意志力。千里之行始於足下，高效率自律離不開實際執行，無論是早起、減脂、社交、學習、理財、職場轉型以及個人成長，我都會把行之有效的方法分享給你。

「自律帶給你自由」，自律上癮將為你的未來帶來更多選擇的權力。

或許現在的你就如同曾經的我，又或者你現在正處於九步中的某個中間步驟，希望把前方的路看得更清楚一點，期望能更輕鬆掌控自律。

如果你已經準備好了，那麼我們這就開啟這個走向自律的旅程吧！

目錄

第四章 術：在操作層面如何自律

第一章

道：自律的思維

第一節 走出誤區

拖延症不可怕，可怕的是你不知道自己要做什麼

為什麼很多人會陷入「脈衝式勤奮」？
有效戰勝拖延症的方法到底有哪三個要素？
透過拆解目標，建構行動動機的方法，是如何讓人背下兩萬個單字的？

你是否經常有這種感覺：明知道現在應該去做某件事，但就是無法停止刷社群軟體、追劇或玩遊戲，然後一邊玩一邊在內心譴責自己，結果這麼一譴責，半個小時、一個小時就過去了，原本計劃要做的事情卻仍舊沒有開始。

久而久之，你可能會得出一個結論：你有拖延症。但你想戰勝拖延，你想成為自律的人！於是你開始學習時間管理、精力管理，在網路上蒐集各種自律的方法，卻仍舊改變不了現狀。

01 沒有目標，小心陷入「脈衝式勤奮」

以戰勝拖延為目標，看起來好像是正確的，但這個看似正確的信念，常常令人陷入誤區而不自知。這個誤區就是**沒有目標的自律，只會讓人陷入「脈衝式勤奮」**。

什麼是脈衝式勤奮？簡單來說就是每隔一段時間就因為突然受到某件事情的刺激或觸動，而想要改變現狀成為一個更好的人。但總是勤奮不了幾天，就宣告放棄了。

回想一下你的高中時代。當時，你拚盡全力奮力一搏，因為考上大學是一個非常具體的目標。那時的你，是不是完全不會拖延，每天都投入大量時間在學習上，做起模擬考卷也絲毫沒有拖延？但當你拿到錄取通知書，身處大學校園後，卻突然發現人生找不到目標，找不到意義了。

接著，身邊越來越多的同學開始遊戲成癮，網路小說成癮，有些則是迷戀網購、追劇，就算有人暗暗發誓想要改變現狀，卻發現拖延症似乎控制了自己的身體。

是的，如果沒有新的目標，人就很容易忽然忘記為什麼要戰勝拖延，在這種情形下，你很大機率會被「打回原形」。許多人都會這樣，周而復始地陷入這種時而努力時而放棄的脈衝式勤奮。正因為你不知道自己要的目標到底是什麼，所以難以堅持，也無法克服惰性做出努力。就如同一艘船，**如果不知道要去哪裡，那對它來說任何風都是逆風**。

有人可能會說：「你說的不對，我有目標，我的目標是實現財務自由，但這個目標似乎並沒有為我帶來多大幫助。」沒錯，因為實現財務自由並不是一個可以讓你立刻想到行動方案的目標，反之，它是你在實現了某個具體目標後隨之而來的結果。

為什麼這麼說呢？我們都知道，創業能讓人實現財務自由，投資也可以讓人實現財務自由，很多事情都可能通往財務自由，但單單講財務自由這件事卻是沒有任何清晰路徑的，因為人們其實不知道該如何行動來實現財務自由。你連要去做什麼都搞不清楚，而戰勝拖延的核心，恰恰是馬上去進行某項行動。

所以，財務自由顯然是一個無法助推你採取行動的「偽目標」。

那到底要怎樣才能推動行動、戰勝拖延，成為一個自律的人呢？

這是一個好問題。不過，回答這個問題之前，你需要先瞭解什麼是行動原理模型。

02 行動原理模型——有效戰勝拖延症的三要素

什麼是行動原理模型呢？它由一個等式組成，B＝ATM。等式左邊的B，是Behavior，也就是行為、行動。它非常容易理解，行為行動就是看得見的動作。例如早上按時起床就是一個非常具體的行動；又或者下午看二小時的書，做了三頁讀書筆記，也是一種行動。

等式右側的第一個字母是A，Ability，是能力。能力是完成一項任務或目標的綜合素質。比方說你晚上想看書，但家裡的燈壞了，就連手機也沒電了，這些客觀因素都會導致你無法在黑暗中閱讀。

右側第二個字母是T，是Trigger，也就是觸發。觸發，是指觸動或激發某種反應。例如：鬧鐘響了，把你叫醒，這就是透過一定的設置或方法提醒你採取行動；手機訊息來了，手機螢幕忽然一亮，此時，哪怕你猜到可能是垃圾訊息，也會忍不住拿起手機看一眼。

右側第三個字母是M，Motivation，是動機。動機是潛藏在人們心底無法被看見的想法。這部分比較重要。動機是激發並維持人們行動，並將行動導向某個具體目標的心理傾向或內部驅動力。你也可以理解為行為或是行動的原動力，它和一個具象的目標有著千絲萬縷的聯繫。

關於人類的行動和動機，心理學領域有一個很有意思的誘因理論，說的是人類的動機通常被分成兩種：負誘因和正誘因。

負誘因，也就是逃避痛苦。比如你今天一定要早起，否則就會錯過去旅行（具象目標）的飛機，所以就算你平時起床再晚，前一天再累，當天早晨也一定能做到準時起床，這就是負誘因的作用；同樣的，很多人喜歡在最後截止時間點（具象目標）快到了才開始著手做工作，也是由於負誘因催生了足夠強大的心理動機，從而產生了驅動力。

那什麼是正誘因呢？正誘因通常被認為是主動追求快樂。假設你參加了一個連續早起二十一天就能拿到一萬元獎金（具體目標）的活動；又或者努力超過公司設定的業績目標，就可以獲得豐厚的業績抽成。那麼為了得到獎勵，也會有較強的心理動機，助推行動。

所以，行動原理模型B＝ATM，意思就是你的任何一種行為都由能力、觸發和動機三個要素組成，這三個要素是乘數關係，缺一不可。因為該公式中任何一項為零，都意味著等式左邊也等於零。既然是零，那麼自然就不會有行動，也就出現了拖延的狀況。其中，能力是可以透過日積月累刻意練習而累積的；觸發則可以透過工具實現，比如鬧鐘；而動機M（具象目標）看起來簡單，但就像前面說的，一旦沒有或是設定錯了，接下來的努力就全白費了。

同時，由於動機常潛藏在內心深處，如果沒有特別留意，平時很難自我覺察，這樣一來，就很容易在不知不覺中導致拖延。所以，我們為什麼說人生目標很重要？因為人生目標才是真正能源源不斷輸送動機能量的源泉。這種巨大能量賦予的動力，才有可能真正將想法付諸實踐。

反之，普通的刺激都只是一時的正負誘因，它們稍縱即逝，會隨著時間的流逝而消解，人有很大可能又過回渾渾噩噩、得過且過、終日拖延的日子。

03 如何激發自身動機，自律上癮？

前面說得還是有些抽象，這裡舉個例子來加深理解。有個同事一直希望減重五公斤，也知道要減肥靠運動是有效的，甚至還用程式計算出只要每天運動三十分鐘，堅持一百天，就能達成目標。

可是，就算腦子知道運動這件事很好，但身體卻依然很誠實地好逸惡勞。所以，無論是慢跑、快走還是跳繩，每次都堅持不到兩個星期。直到我和她詳細解釋了行動原理模型（B＝ATM），她才恍然大悟，原來沒有足夠的動機，才是無法堅持運動的根本原因。

那怎樣才能找到夠強的動機呢？經過思考，她意識到由於平時工作很忙，一直沒有時間去看她大學開始就非常喜歡的小說，但運動的時候可以聽有聲小說啊！

該動機於她而言足夠強勁，以至於她本來打算一天只運動三十分鐘，但第一天運動後仍舊覺得不過癮，運動時間開始往四十五分鐘，甚至六十分鐘邁進。直到我和她說：一開始不要過度運動了，她才控制住運動的節奏，保持在每天三十分鐘左右。

所以，當你有了一個具體的長遠目標，並且將該目標拆解為小目標，行動的過程中你還能找到強勁的動機，在這種情況下，懶惰拖延是不是一下就化解掉了呢？

小結

1. 戰勝拖延實現自律，本身並不是可以促進行動的目標，沒有具體目標的自律，只會讓人陷入脈衝式勤奮。
2. 行動原理模型，B=ATM，任何行動都由能力、觸發和動機組成，三者為乘數關係，缺一不可。其中，動機是十分容易受到忽略的關鍵要素，想要自律就必須重視動機。
3. 設立具體目標，為自己找到強勁動機，有利於克服拖延，高效率自律。

第二節　第一步思維

讓未來的你，拯救現在趨樂避苦的自己

為什麼能用「未來的你」來拯救「現在的你」？
「錨定效應」與「登門檻效應」如何幫助我們實現自律？
「第一步思維」三步法要怎麼走？

從本節起，我們將進入本書的第一模組：道。道要講的是，如果你已經患有拖延症，卻始終邁不開改變的第一步的話，到底該怎麼做。

下面就讓我們先從一個例子開始。

01 神奇的第一步行動

我在前言曾寫到，我在之前的公司工作得很痛苦。既不熱愛工作的內容，也不擅長這份工作，年底績效還被評為三分，這些都讓我想要改變。

後來我學會了「第一步思維」，我一遍遍地問自己，如果我想成為自己渴望的樣子，做一名高產量的暢銷書作家，我第一步到底應該做什麼？

當時是二〇一五年年末，自媒體正開始流行。我發現，第一步應該是先開一個帳號，寫下第一篇文章並發表。雖然這篇文章只有寥寥幾百字，現在看來文風也很稚嫩，但在為數不多的一些讀者中，有人開始留言給我，說我可以去一個線上創作網站發表我的文章。

我不知道的是，這個網站時常有一些出版社的編輯老師「出沒」，其中有一人私訊我，問我有沒有興趣寫一本關於博弈心理學的書。一開始，我還以為對方是騙子，直到她寄來了出版合約，我才發現自己居然真的往我渴望成為的樣子靠近了一些。

你看，僅僅只是開始在自媒體上發表文章，這小得不能再小的一步，卻如同多米諾骨牌一樣，推倒了第一塊之後，後面又接下去有了第二步、第三步……直到最終成了未來預期的樣子。

沒錯，正是這種以終為始的「第一步思維」，讓未來的你回到當下，拯救了現在的自己。

可能有人會說這只是運氣好罷了，假如沒有人推薦我去網站上發表文章，又沒有編輯老師約我寫書，然後，可能就沒有然後了。

這個假設並非沒有道理，但「第一步思維」本質上是為了打破原有的無效閉環。它最核心的價值，是讓你站在假設自己已經達成目的的立場上，回過頭來引領現在的自己，從而開始邁向成功之路，這種思維主要解決的是下面兩個問題：

第一，很多走不出趨樂避苦困境的人，會因為過去的各種不良自我評價，而無法做出有效行動。

重度拖延症患者通常會對自己有較低的自我評價，這是因為過去的經歷拼湊後組成了現在的自我，而人類的大腦對將來的預期時常建立在對過去的印象之上，形成一個基點，該基點就彷彿一個沉入海底的錨，錨定了位置，這樣一來對自我的評價也就大致定型了。這在心理學上被稱作錨定效應。

諾貝爾經濟學獎得主丹尼爾．康納曼（Daniel Kahneman）曾做過一個心理實驗，他分別請兩組人猜測印度北部的拉賈斯坦邦人口是否超過十五萬，和是否超過一百八十萬，然後又讓這兩組人分別估計該地區大約有多少人口。結果第一組受試者給出的人口估計和十五萬差別不大；而第二組受試者的答案又和一百八十萬差距不太遠。兩組受試者之所以對同一區域的人口估計相差高達十倍，正是因為錨定效應。

理解了錨定效應，再讓我們把話題切回自律。第一步思維讓我們擺脫過去，從將來出發，想像出一個表現良好的自我，讓我們的大腦以優秀的自我作為全新的錨點，從未來倒推回現在，勾勒出一條進步的曲線。在這種思維模式下，大腦就更容易計劃出可以把自己變得更好的行動方案。

第二，拖延久了的人，剛開始做出改變時，並沒有足夠的心理能量去做一件特別困難的事情。

這就彷彿是讓一個久病初癒的人一下床就跑馬拉松，他不僅沒有動力，更沒有能力。但如果讓一個習慣凌晨一點睡覺，早上九點才能爬起來的人，嘗試〇點五十九分睡，八點五十九分起床，作息時間僅僅往前調整一分鐘，就會簡單得多。又或者讓一個不願運動的人，早上只做一個伏地挺身，那也比較容易完成目標。

正是由於考慮到心理能量，所以「第一步思維」的第二個關鍵要素就是，一開始目標必須夠「輕」，這裡包含的心理學原理就是「登門檻效應」。

五十多年前，美國心理學家喬納森·弗里德曼（Jonathan Freedman）和他的夥伴做了一個心理學實驗，兩位教授安排實驗人員在不同的幾座城市隨機拜訪一些家庭主婦。一開始，他們要求這些主婦把一個小而美觀的招牌掛在她們自家窗戶上，大多數婦人都欣然答應了。一段時間後，實驗人員再次前往，但這次提出的要求稍微過分一點，要求主婦們把一塊又大又醜的招牌放在相同位置，結果約有五〇%的受試者答應了該請求。對照實驗組則是在初次拜訪時直接用簡單粗暴的方式讓她們在窗前掛同樣大而醜的招牌，結果只有二〇%的家庭主婦願意聽話照做。

該實驗的結果對比顯而易見，兩位教授把這種心理現象命名為「登門檻效應」，也被稱為「得寸進尺效應」。它是指一個個體，在接受一個較小的要求後，為了讓自己的認知協調，後續有較大機率接受更進一步的要求。

所以，別看「第一步思維」中最初跨出的這步小到微不足道，但它卻能實實在在地對後續更大的行動產生影響，逐步讓你從早睡早起一分鐘，變早睡早起一小時，再到二小時。最後你可能和我一樣，做到在晚上十點三十分睡下，早上五點起來讀書寫作。

02 第一步思維三步驟

理解了「第一步思維」的核心原理，要如何對其進行應用呢？很簡單，可以分為三步：

第一步：確定期望達成的具體目標。

前文說，目標是你行動的原動力。我的目標是成為暢銷書作家；體重超標的女孩子想達成減脂的目標；上班總是趕最後一刻、時不時遲到，被主管逼著在群組發請客通知的同事目標是早睡早起。當你確定好一個具體目標後，就完成了第一步。

第二步：如果想在三個月後達成目標，你現在第一步應該做什麼？

這是非常關鍵的一步，你要想像自己已經達成目標，假設自己正在「回憶」，你當時上船的時候先邁出的是哪條腿，踩在了哪塊木板上；為了實現該目標，你最初做的又是哪一個微不足道的行動。這個行動雖小，卻對你產生了很大的影響。當你模擬過來人的視角，就可以敲定這個小行動，而且這個小行動得是你在一天內就能付諸實踐的行動。

第三步：實踐第一步行動，然後每次累積一小步，直到目標達成。

好了，既然小行動已經確定了，那就去實踐吧。當然，有時候，做完第一小步之後未必立即就能見效。就好比如果你也想當暢銷書作家，未必一開始就能遇到跟自己聯繫的編輯老師，但正是這第一步小行動會帶來更多新的小行動，把每一步小行動連起來，最終就能連成通往目標的完整清晰路徑。

小結

1. 第一步思維，是一種「以終為始」的底層思維，這種思維可以讓未來的你「穿越時空」回到當下，拯救現在的自己。

2.第一步思維之所以能產生重要作用，是因為它包含了兩種有效的心理學原理，錨定效應和登門檻效應。其中，錨定效應在第一步思維中扮演的主要作用是讓你從未來，而不是過去出發，以已經實現目標的優秀自我作為全新錨點，勾勒出一條向上的進階曲線；而登門檻效應則促使你從一個特別小且不費力的行動開始要求自己，而且由於要求的行動量特別小，所以就算目前的心理能量再弱，也有足夠的力量去實踐它，做到它，進而促使你後續實踐更多更大的行動。

3.第一步思維簡單好用，只有三步：

第一步，確定具體目標；

第二步，穿越到未來，「回憶」你達成目標的過程中，第一步行動是什麼？

第三步，實踐第一步，然後一步接一步，直到連點成線。

第三節　複雜性思維

用「斜槓」防止拖延帶來的負面情緒消耗你

焦慮和負面情緒是如何讓你沉迷娛樂，無限拖延的？
如何用自我複雜性思維來緩衝負面情緒，抗擊焦慮？
怎樣只用兩個方法就建立起自己的情緒護城河？

01 焦慮與拖延

不知道你是否注意到，每隔一段時間，「三十五歲現象」「職場焦慮」「中年危機」等話題就會熱門起來。尤其是對於生活在大城市那些主要收入來源是薪水的青壯年人士，他們往往還有房貸或車貸等負擔，憂慮會更重。所以這些人總是感慨自己不敢請假，不敢辭職，連生病都不敢，因為擔心哪怕出現了一點點變故，自己或家庭的經濟支柱就可能會崩塌。

在這種精神緊繃的情況下，職場上的風吹草動都會讓人更加謹小慎微、躊躇不前。不僅是工作，因為巨大的精神壓力，很多人工作之餘也沒有足夠的心理能量去執行其他的計劃，每天回家只想開上一罐可樂或冰鎮啤酒，打開手機遊戲，在虛擬戰場上馳騁，設法讓大腦分泌一點多巴胺來緩解焦慮，讓自己寬慰。你看，拖延就是這麼來的。

焦慮導致拖延，拖延又反過來讓人更焦慮。在這種焦慮與拖延的循環，身處其中的人，就彷彿遊戲裡的角色中了一個持續掉血的魔法詛咒，任你如何用力，它就是揮之不去、纏繞於身。

那麼，有沒有什麼辦法，能扭轉這種惡性循環呢？

02 自我複雜性思維

請想像一下，如果部門正在裁員，但有兩三家公司正等你到職，或是其他部門隨時都歡迎你轉調，你還會如此焦慮嗎？如果你在工作之餘，每天都有各大圖文、影音或短影片網站內容或廣告的可觀收益，這些收益至少足夠你養活自己和家庭，你還會選擇沉迷於遊戲世界嗎？

我估計答案多半會是否定的。因為你有多重選擇，在不同管道都有收入，這些選擇和收入就是情緒穩定的護城河，讓你保持良好心態。在這種良好心態加持下，惡性循環就會被徹底切斷，因為你的心理能量水準不再需要更多娛樂來緩解焦慮，你也會比以前更有幹勁，更容易放下手機，擺脫拖延，投入中長期計劃，持續而高效率地行動。這就是自我複雜性思維在生活中的應用。

那麼，什麼是自我複雜性思維？

一九八五年，美國耶魯大學的心理學家林維爾（Patricia Linville）提出了一個叫「自我複雜性（**self-complexity**）」的概念。自我複雜性是指個體所具有的自我概念數量，及其可區分性。用簡單的話解釋，就是一個人擁有多少代表你自我的標籤。比如你既是公司的員工，又是自媒體人，同時還是投資者，有多種副業收入來源。

高自我複雜性者的標籤通常互相獨立、沒有重疊；而低自我複雜性的人標籤數量則較為稀少，而且這些標籤很可能會重疊，比如白天是飯店大廳經理，晚上是酒吧調酒師，這種脆弱的組合在外界條件發生變化時（比如疫情），會同時受到影響。

此外，自我複雜性理論還認為，自我複雜程度不同的人對相同的衝擊會有截然不同的情緒反應，因為複雜性會影響一個人加工訊息的方式。複雜性低的人由於「自我」較單薄，因此所產生的負面情緒很可能是從一個自我裡「溢出」的，情緒濃度高；複雜性高的人則不同，精神也更不容易受到外在事物的衝擊。

這就好比一個人的內心世界是一張桌子，複雜程度代表著桌子有幾條腿。如果只有一條腿，那如果這條腿損壞了，整張桌子就不穩了；而自我複雜程度高的人可能有好多條桌腿，哪怕其中一兩條腿出了毛病，其他桌腿也可以支撐桌面，自然可以保持鎮定自若；不以物喜，不以己悲。所以，高自我複雜性有利於緩衝各種壓力。就算某個事業失敗了，也只不過是生活的一部分。

理解了自我複雜性的概念之後，那要怎麼才能增加自我複雜性，使用複雜性思維，來讓自己變成一個情緒穩定的人呢？這裡介紹兩種方法。

03 擁有高自我複雜性的方法

第一種方法，是成為一名斜槓青年。

斜槓青年指的是除了做好本職工作，獲得正常的收入外，又拓展出了其他收入管道。比如，現在很多人在工作之餘，利用自己的空閒時間在圖文平台上寫文章，或者為有聲書配音，做短影片賣貨來賺取副業收入，他們就是典型的斜槓青年。

有人可能會說，這些在社群網站、各大平台上寫文的人都有一定的累積；那些在影音、短影片平台上輸出聲音、拍攝短影片的人也都非一日之功。而我現在什麼基礎都沒有，只是個普通人，到底有沒有可能成為斜槓青年呢？

能有這樣的想法，說明你擅長思考。正好，讓我們學以致用，鞏固一下我們之前學習過的「第一步思維」。下面，請你想像一下，假如你在三年後和我一樣，成了一個在各大平台寫文，影響了數百萬人並且出版了書籍的作者：

(1)你要走出的第一步可能是什麼？
(2)是否得先註冊一個圖文平台的帳號？
(3)好了，你花十分鐘註冊好了，那下一步又是什麼？
(4)是不是得在電腦前寫出你的第一篇文章？
(5)可是你憋了半天都寫不出來對不對？
(6)你以前寫不出作文的時候會怎麼做？
(7)是不是打開優秀作文大全，看看別人是怎麼寫的，然後模仿著寫一篇？
(8)現在雖然沒有優秀作文大全，但你是不是可以先看一下點閱數高的文章是怎麼寫的呢？

於是，你的第一步行動就應該是搜尋並學習點閱數高的文章，模仿寫作。

同樣的方法也適用於要學習開線上課程，或者成為短影音創作者、資產配置的投資者等。

在這個情境中，運用「第一步思維」已經可以一連串問出八個好問題了，而當你問出最後這個問題的時候，一個具體可著手的行動方案也就這樣產生了。

是的，透過使用「第一步思維」的進階應用——「連續追問法」，無論你打算深耕哪個領域，都可以走上一條成為斜槓青年的道路。

從此之後，說不定你就這樣點亮了一棵全新的「技能樹」，你的桌子也將長出一條支撐桌面的健壯「大腿」，你的自我複雜程度又高了一點，受到負面情緒影響的情況也相對少了，你的精神之海也生出了更多的心理能量，可以對抗焦慮、對抗拖延了。

第二種方法，是時時刻刻為自己準備一個ＢＡＴＮＡ。

ＢＡＴＮＡ，是Best Alternative To a Negotiated Agreement的縮寫，中文意思是最佳替代方案。ＢＡＴＮＡ這個概念最早由談判專家羅傑·費雪（Roger Fisher）提出，你可以把它理解為在一場談判博弈的過程中，除了談判中的方案外，你手上還有一個最佳替代方案。在日常應用上，意味著你的自我複雜程度也就高了些，你也能在此基礎之上，提出對自己更有利的方案。

這樣說有點抽象，這裡為你舉個例子。比如在年度考核時，你們部門被評為C（共有ＳＡＢＣ四個等級，S最高，C最低），你的主管很快會被辭退，而你們這些小兵也謹小慎微，人人自危。此時，其他部門的主管向你伸出橄欖枝，希望你能到他們的部門工作。這樣一來，你不僅不會焦慮，還可試著與更高層的主管溝通，主動擔責成為原部門某業務線的負責人。

正是因為有ＢＡＴＮＡ，就不用擔心被邊緣化，有了更多勇氣，去挑戰可能帶來更大收益的選擇。

既然知道ＢＡＴＮＡ有如此好處，那實際上該如何擁有呢？我們再來練習一遍。還是先假設你在一年後獲得了其他部門主管的垂青，對方希望你轉調過去幫他。

⑴你的第一步應該做什麼？
⑵是不是要設法讓更多部門主管認識自己？怎樣才能獲得其他部門主管的認可呢？
⑶是不是每次公司跨部門會議的時候都要拿出好的方案，或者積極主動發言讓大家眼前一亮呢？
⑷但萬一自己表現不佳，會不會適得其反，那是不是應該要讓自己至少有一到兩個讓人平時就能記住的亮點呢？
⑸很多人都不清楚自己的優勢，其實每個人都有尚未被發掘的優勢，所以要找到自己的這一到兩個亮點，是否從現在開始就要自我梳理、自我總結呢？

於是，最初的執行行動又有了：可以從總結自己的優勢開始。

萬變不離其宗，這次「第一步思維」的應用只問了五個問題，就又產生一個可著手行動的方案了。

當然，不只是工作，在很多情境，為自己準備一個BATNA都很重要。正所謂有備無患，這些額外計劃其實是為自己留了更多的機會和方向。當你手上有了更好的底牌，你的自我複雜程度也就高了一些，抵禦風險的能力就又大了一些，焦慮、負面情緒慢慢減退，執行力和行動力自然會提升。

小結

1. 很多人因為焦慮、心態不良導致了拖延、醉心娛樂聲色，核心原因在於自我單薄，使得外在世界的衝擊造成負面情緒溢出；
2. 自我複雜性越高的人，就彷彿桌腿多的桌面，當一個人擁有多重標籤，高自我複雜性有利於緩衝各種壓力事件的副作用，甚至可以有效防止抑鬱；
3. 要想擁有複雜性思維，切斷惡性循環，選擇成為斜槓青年，以及替自己準備至少一個BATNA都是不錯的方法；在此過程中，結合「第一步思維」和「連續追問法」找到具體可著手的行動方案，將成為你踏上這條康莊大道的第一步。

第四節　不講理思維

一旦陷入衝突，誰還顧得上效率和章法？

為什麼要掌握不講理思維？
什麼是「三季人策略」和「ABCDE策略」？

不知道你有沒有這種感覺，年輕氣盛的時候，特別喜歡和他人爭論對錯，在工作和生活中總是因為一點小事，就非要和別人辯清楚是非。最後的結果往往是時間精力都付出了，對方依舊堅持己見，自己也被氣得半死。

我們都知道，每個人最寶貴的財富就是你的注意力，如果你把過多注意力投入於這種不必要的爭辯上，必然會消耗大量時間、精力和心理能量；還會讓你陷入負面情緒，使得好不容易建立的行動目標、計劃都被打亂。

那要怎樣才能避免這種無意義的浪費，把注意力真正放在自我成長上呢？這就是本節要跟你分享的核心：不講理思維。

01 不講理思維

不講理思維這五個字聽起來有點奇怪，我們都是文明人，為什麼要不講理呢？其實，不講理思維是一種思考問題的方式，並不是真的讓你不講道理。這種思維是讓你在和層次不同的人溝通的過程中，盡量避免對自己無益的耗損，把自己的注意力、時間和精力積攢到確切有意義的行動之中。

我猜你可能聽過這個故事：有一天，孔子的學生和一位陌生人吵了起來，陌生人堅持說一年只有三個季節，學生則認為一年四季是基本常識。兩人爭得面紅耳赤，直到中午都沒能停下。此時，孔子正好路過，學生趕緊拉著老師把事情的原委說了一遍，希望老師為自己做主。孔子將陌生人上下打量了一遍，然後道：對啊，一年的確是三季。學生震驚了，但出於對老師的尊重，他只能順從。

對方得意地走了，學生看著陌生人遠去的背影，不解地問老師，一年到底應該是幾個季節？

孔子深邃的雙眸望著遠方，回答：四個。

那為什麼要跟那個人說三季呢？

孔子曰：此時非彼時，客碧服蒼顏，田間蚱爾，生於春而亡于秋，何見冬也？

意思是說：剛才那人一身綠色衣服，面容也十分蒼老，分明是田裡的蚱蜢，而蚱蜢春天出生，秋天死亡，對他來說，他的思維裡根本就沒有冬季的概念，所以的確只有三個季節。你就算再和他爭論下去，也不會有結果的，不如順著他說，他不就離開了嗎？

說完，弟子瞬間醍醐灌頂，有了明悟。

這篇文章雖然並非出自《論語》，據考證是後人杜撰的作品，但它卻相當真實地反映出，人們常常會不自覺地陷入無效爭辯。同時，這個故事也給了我們面對類似情況的應對策略：「三季人策略」。莊子也提到過類似的概念，叫作「夏蟲不可語冰」，這正是我們不講理思維的雛形：你不必和每個人都講道理。

02 三季人策略

生活中，我們也常這樣，總是擺出枯燥無味的道理與事實，企圖說服和自己不在同一個認知層次的人。這種做法披著「讓道理越辯越明」的外衣，本質上卻是滿足自身幼稚情緒，以維護自己的立場，滿足己方存在感為首要目標的自戀需求，這種自戀需求會讓我們陷入情緒困境，正如一句話所說：小孩子才爭對錯，成年人只講利弊。

自戀需求讓情緒失控，情緒失控將導致工作、生活也無法自律。所以，再遇到類似情況，為了避免自己陷入情緒陷阱，只需要假想對方是無關緊要的三季人即可，不必和他多做糾纏。

三季人策略在現實中要如何發揮作用呢？

在我看來，三季人策略在很多情境中都非常適用，比如面對交情不深的人，完全可以把對方當作三季人，順著他的觀點說：哈哈，厲害！然後對方滿足了自己的自戀需求，就不再和你多折騰，你就省下了時間和精力。

又例如每年過年回家，很多遠房親戚可能在飯桌上對你的工作甚至情感狀況品頭論足一番，此時，如果你認真了，硬是要在飯桌上和她們辯論人生價值觀，證明自己的觀念或者做法才是正確的，不僅可能導致飯局不歡而散，甚至後面幾天都別想過好了。所以不如在心裡想像這些一年見不上幾次面的都是「三季人」，微笑著點頭示意她們說的都是「對的」，那麼大家都能在喜慶的節日收穫喜悅，豈不皆大歡喜？

三季人方法簡單好用，但也並不是什麼情況下都適用，它針對的比較多是和你的價值觀完全不在同一個層次上的人。那如果是你的另一半呢？如果是你的主管呢？你肯定不能把他當三季人，用敷衍的方式應付過去。

顯然，假如對方是你長期相處的對象，三季人策略在更長的時間裡，不僅無法讓對方覺得自己受到尊重，反而會感覺自己不受重視，遭到了你的蔑視。時間一長，可能會招致更猛烈、更變本加厲的反擊。

所以，既然我們第一部分講的是「道」，就需要從更高的層次來看待這件事。說到這裡，你一定很好奇，這個更高層次的「道」到底是什麼呢？

03「ABCDE」策略

這個更高層次的「道」，正是我們另一個要重點討論的內容：「ABCDE」策略。「ABCDE」分別是五個字母的縮寫：

A是Activating Event，是一件事情發生了，而且通常是一件不太好的事情；

B是Belief，是你的信念，也就是你最初的本能想法；

C是Consequence，是這件事情經過你的信念加工，產生的情緒反應；

D是Disputation，是你對先前信念（Belief）的反駁；

E是Exchange，是反駁了原來的信念後，產生了新的情緒反應。

ABCDE最早由美國心理學家亞伯特・艾利斯（Albert Ellis）在二十世紀五〇年代提出，它可以幫助來訪者解決由於原有信念產生的情緒困擾。

這種方式並不是真的不講理，而是不講常規的道理，透過反駁慣常的信念以得到一種新的情緒。為了讓你加深理解，下面我們來做一個思想實驗。

假設你現在正坐在一張公園的長椅上，看著剛買來的精裝暢銷書。當你看得有些累了時，把書倒過來放在一旁，伸了一個懶腰，然後閉上眼睛想休息一會。

正在你享受著春天的微風在臉頰邊拂過時，忽然聽到旁邊有水灑了的聲音，你睜開眼睛一看，哎呀，這下糟了，剛買來的新書被咖啡弄濕了！

此時，請感受一下這種情緒，你是不是感覺有點惋惜，甚至有點氣憤？這人怎麼隨便就把人家的東西給弄壞了呢？

可是還沒等你開口，你再仔細一看，天哪，他居然是個盲人，此時再反觀自己的情緒，此時此刻，又是怎麼想的？是不是慶幸自己沒有把什麼尖銳的東西放在旁邊，否則這位盲人可就慘了。

好了，讓我們結束這場思想實驗。整個過程，我帶你走了一遍完整的ＡＢＣＤＥ：

Ａ，事件：有人碰翻了你的咖啡。

Ｂ，信念：公共場所，怎麼能隨便損壞別人的東西呢。

Ｃ，情緒：感到氣憤。

Ｄ，反駁：天哪，這人原來是盲人。

Ｅ，交換：情緒變成了慶幸，還好不是尖銳物品。

在現實生活中，如果是心智中沒有「安裝」不講理思維「程式」的人，在遇到帶來壓力的事件時，流程往往走到ＡＢＣ就結束了。比如，主管不幫我加薪就算了，還交付我那麼多工作，這是想累死我嗎？按照這個思路繼續想，就會越想越氣，然後一邊工作，一邊在心裡咒罵主管，這樣交出來的工作不僅很難保證品質，自己和主管的關係也會越來越差。

但如果用如同前文那樣不講常規道理，反駁慣常信念的思維呢？

只有超過正常的工作量，才能讓我在最短的時間獲得最大的提升，一年的時間可比別人兩年、三年。如果你用這種改變後的信念再來看原來的事情，情緒狀態就會有所變化。

同樣的道理，三季人策略，也是透過反駁慣常的信念，把對方看成一個不值得與之爭辯的人，改變了情緒，從而省下了爭論的精力，從負面情緒中恢復過來，然後走出衝突的死胡同。

不講理思維讓人戴上了一副新「眼鏡」，用一種與過去全然不同的眼光來看待遇到的事情，這種方法能幫助你保存注意力、時間、精力、心理能量，將這些稀缺資源投入更有意義的自我成長和計劃、行動之中。

小結

1. 面對一些講不通道理的人，三季人策略為我們提供了一種應對策略。
2. 「ABCDE策略」由事件、信念、情緒結果、反駁和改變情緒組成，每次負面情緒出現後，繼續嘗試接下來的D和E，從而改換出積極的情緒。
3. 需要強調的是，我們不只是為了學會某一兩種方法，更要理解策略背後的概念，三季人策略和「ABCDE策略」都是透過反駁慣常的信念，用全新的情緒和處事方式，來應對原本可能為你帶來負面情緒的事件，幫你掃除心理障礙，提高行動效率。

第五節　領導者思維

用好這兩個字，擊退一切行動困難

遭遇空難的乘客是依靠什麼辦法自救的？
為什麼領導者思維能激發心理能量，讓人做出有意義的行動？
如果一件事情的成功率只有一〇％，重覆多少次才能把成功率提高到九〇％？

本節重點來說領導者思維。在開始本話題之前，我想邀請你在下面這個情境做一場思想實驗：

你跟主管和同事正在開會，主題是最近遇到的一個非常棘手的難題，正當所有人都陷入沉默的時候，大主管發話了：那麼，誰來整合這個案子呢？

瞬間，幾乎所有人都把自己的目光移到了別處，生怕和大主管有眼神接觸，這個燙手的山芋可就傳到自己手上了。假設你接手了這個案子，而且解決問題的機率只有二〇到三〇％，你會怎麼選擇，又會做出什麼反應呢？

這就是我們今天分享的「領導者思維」要幫你解決的問題，這個方法可以幫你在個人或者團隊遇到瓶頸的情況下，克服內心猶豫、拖延和恐懼情緒，擊退一切困難。

不過，你也不要被「領導者思維」中「領導者」三個字嚇住了，以為這是領導者才需要擁有的思維，在生活中，你也可以運用領導者思維。就像管理，不一定只有領導者才可以學，任何人都可以運用管理思維來處理日常瑣事。

好了，在講什麼是「領導者思維」，以及如何運用「領導者思維」之前，讓我們先來看一段真實發生的故事。

01 真實的空難

一九七二年十月十二日，有一架飛機從烏拉圭飛往智利，半途中，它遭遇了非常惡劣的天氣，這架飛機在海拔三千九百公尺的雪山上墜毀了。

不過幸運的是，四十五位乘客當中，有二十八人居然倖免於難，活了下來。

但他們面臨的難題，是怎樣在這冰天雪地的安地斯山峰上生存下來？

嚴寒中，不斷有人離開人世。到了第十天，飛機殘破的收音機傳來了噩耗，搜救隊覺得這些人存活下來的可能性已經微乎其微，所以中止了搜救行動。

隨著食物告罄，剩下的人訂立了一個「恐怖協議」：如果我死了，你們可以吃掉我。沒錯，為了活下來，他們不得不開始進食自己死去的朋友。

十二月十二日，一位名叫帕拉多的倖存者決定挺身而出解決這個棘手的難題。他召集了另外二名協作者，自發組成了「自救小組」，開始踏上一條死亡率相當高的尋求救援之路。

十二月二十日，這三個人看到了一個騎馬者的身影。

十二月二十三日，帕拉多根據記憶，引導救援直升機，成功找到了剩下的倖存者。

這件事情被記入史冊，稱之為「安地斯奇跡」。帕拉多也成了當之無愧的英雄。

這場空難還於一九九三年被拍成了災難片《我們要活著回去》（*Alive*），評分也很高。

02 領導者思維

如果我們把這場險境中的自救看成一個專案的話，帕拉多組建「自救小組」一開始的成功機率可能連五%都沒有，他甚至在飛機墜毀後，直到十月十五日才醒來。

但帕拉多卻表現出了常人並不具備的三個特點：

第一，他能跳出原有的思維框架。我命由我不由天，帕拉多在情況已經糟糕到極點的狀況下，仍想自救，而不是幻想等救援隊來；

第二，他積極展開行動。從提議自救行動，再到成功說服另外兩位夥伴與他共同組成「自救小組」，這份積極的推動力，讓絕望的人看到了生存下去的希望。

第三，他沒有選擇鼓舞別人前去尋求救援，而是自己身先士卒，親臨未知的險境，帶頭在極度嚴寒中翻越山脈，尋找希望。

中國知名管理學學者，《領導力必修課》的作者劉瀾用兩個字概括了帕拉多的行為：我來！是的，「我來」雖然只有短短的兩個字，但它卻是我們今天所要說的領導者思維的精華。我們都知道什麼是領導，領導就是在一定條件下，指引和影響個人或者組織，以實現某種特定目標的人。

那麼，領導者思維就很好理解了。它是一種為了實現特定目標而產生的行為動機，是克服一切包括猶豫、拖延、恐懼等諸多負面情緒，讓自己和團隊都能保持投入的一種信念。

03 領導者思維如何助你戰勝拖延？

還記得我們第一講中的行動原理模型，也就是**行動＝能力×觸發×動機**這個公式嗎？

「我來」這兩個字所體現的是一種強烈的動機。更進一步說，這兩個字的背後，還能引申出三種心理動機，它們分別是：

第一，「我想來」；

第二，「我該來」；

第三，「我能來」。

而正是「我想來、我該來、我能來」這三種底層動機，讓一個人內心深處發生了蛻變，從說出這兩個字之前的猶豫、拖延和擔心，變成了之後的果決、行動和堅定。

我們先說說「我想來」。

「我想來」代表一個人認為完成某項挑戰很有意義，這種意義讓人面對挑戰，雖知艱難，卻又忍不住想要設法填補差距，躍躍欲試。

就像史蒂夫．賈伯斯（Steve Jobs）曾對時任百事可樂總裁約翰．史考利（John Sculley）

說：你想繼續賣一輩子糖水，還是跟我一起改變世界？

這句話擊中了史考利的內心，激起了他內心深處對意義的追求，讓他醍醐灌頂，瞬間形成了一種精神動力。

這種動力成功吸引了史考利放棄百事，來到蘋果，並在一九八四年和賈伯斯合作，最後共同發佈了著名產品——麥金塔電腦。

「我該來」，則能喚醒自身的義務感，它是另一種動機，是一種推力。

一九六九年，心理學家比布·拉塔內（Bibb Latané）和約翰·達利（John Darley）做了一項心理學實驗，實驗人員讓受試者坐在一個房間裡，其間請隔壁房間一位女性實驗人員假裝從椅子上摔下來，並發出足以令受試者聽到的呻吟聲。

第一組，受試者單獨在場，七〇％的人前去救助；

第二組，兩個互不認識的受試者同時在場，平均只有四〇％的人去幫忙；

第三組，由實驗人員假扮的「消極救助者」不停對受試者說「不用幫忙」，救助率降至七％。

這個心理實驗反應的結果被稱為旁觀者效應（也稱責任分散效應），它是指隨著旁觀者的數量增加，這些受試者主動站出來行動的可能性就會減少。

而「我該來」的想法，讓自己成為唯一負責人，就突破了旁觀者效應，形成了強而有力的義務感，推動自己去行動。

「我能來」，強調了自己的信心，是一個人對自身能力的相信，這種相信也是一種動機。因為相信，所以行動；因為行動，所以成功的機率就會隨著行動次數的增加而提高。

我們來看一個分析：假如做一件事情，成功率只有一〇%，重覆多少次才能把成功率提高到九〇%呢？

答案是二十二次，為什麼？因為：$1-(1-10\%)22=90.16\%$。成功率一〇%，意味著失敗率就是$1-10\%=90\%$，九〇%的失敗率重覆二十二次，用數學來表達就是〇．九的二十二次方，計算下來，失敗率就會減少為九．八四%；再拿一減去九．八四%的失敗率，得出的結果就是成功率，可不就是九〇．一六%嗎？

當然並不是說要你每件事都重覆二十二次，我想強調的是，你想做成一件事情，就必須行動。

怎麼樣能觸發行動呢？如前文所述，因為相信，所以行動；因為行動的次數增加，所以成功的機率增加。

「我能來」，看似只有三個字，但當心裡發出這個聲音的時候，一個人就會立刻感受到一種由內而外的「信念感」，覺得自己有能力完成目標，行動公式也就成立了，也會促進人訴諸行動；而不斷地行動，最終保證了成功的機率越來越高。

你可能會說，「我想來」「我該來」「我能來」，聽起來都蠻有道理的，但真的遇到事情的時候，到底該怎麼做呢？

得到和羅輯思維聯合創始人兼首席執行官李天田說：人生總有很多左右為難的事，如果你在做與不做之間糾結，那麼，不要反覆推演，立即去做。莽撞的人反而更容易贏。

NLP創始人卡麥隆．班德勒（Cameron Bandler）更是說過：一旦你認同和接受了某件事情應該去做，那你就會開始忽略自己是否可以做，大腦會自動開始思考如何做。

所以，大道至簡，答案顯而易見，在猶豫的時候，在困境中，在別人躊躇不前、前瞻後顧的當下，擁有領導者思維的你，就可以直接說：我來！

小結

1. 領導者思維不僅是在團隊遇到瓶頸的情況下，解決內心猶豫、拖延恐懼，擊退行動困難的方法，領導者思維同樣可以運用在生活的各方面，尤其是畏難猶豫的時刻。
2. 「我來」這兩個字蘊含著領導者思維。可以從中引申出「我想來」「我該來」「我能來」。

「我想來」誘發意義，「我該來」帶來義務感，而「我能來」則讓人有信念感。這三種感知都能有效激發心理能量，促使你去填補差距，克服旁觀者效應，從而不斷採取行動。正是因為這三種交織在一起的感知，才讓成功變成可能。

3. 執行實踐大道至簡，當你能不再猶豫地說出「我來」，領導者思維便從此刻開始伴隨你左右。

第六節 哲學家思維

如何做到既追求成功，又不急迫、不焦慮

為什麼要擁有哲學家思維？
斯多葛主義（Stoicism）的主張為什麼對現代人有巨大的助益？
斯多葛主義的五大核心思想是什麼？

哲學家是一個智慧的群體，我們能夠從這個群體看到從容和淡定。他們很少會因為焦慮的情緒消耗自己的心理能量，浪費大量時間。

所以，本節主要介紹哲學思維。我會和你分享哲學流派中最入世的主張之一：斯多葛主義，並且和你詳細說說斯多葛主義最重要的五種核心思想。希望你掌握了這些核心思想後，能保持一個不焦慮、不急迫的心理狀態。

下面，就讓我們開始。

01 焦慮與拖延共生

閱讀本書的讀者一定對自己有一定的要求，有自己的階段性人生目標，比如：二十五歲前成為主管，三十歲前成為經理，三十五歲前成為總監，四十歲前成為副總經理或者副總裁。

不過有一個不得不面對的問題，那就是生活並不是網路遊戲，晉升之路也不必然是線性的。所以，很多時候，越努力換來的不一定是越幸運，越努力可能越讓人陷入焦慮。

你可能會問，焦慮和拖延又有什麼關聯呢？

焦慮的心態會讓人更在意外界評價，正是由於在意外界評價，他們會更期望自己的成果能趨於完美。追求完美，會讓人持續糾結於細節，無法展開行動，這不正是我們所說的拖延嗎？

不僅如此，拖延會導致來自外界評價的壓力越來越強，這就會讓焦慮者陷入惡性循環。

不過，生活中有這樣一群人，他們的平靜並非假裝，似乎真的能做到不以物喜，不以己悲。

這些人面對主管或上司既不諂媚，也不蔑視；

這些人看待升職加薪既不急迫，也不佛系；

這些人對待賺錢致富既不焦慮，也不狂妄。

這些人是不是引起了你很大的好奇：

到底要怎樣，才能也像這些人一樣，成為一個追求事功，又不焦慮的人？

我的答案是：成為一個斯多葛主義者。

02 斯多葛主義

斯多葛主義一般指斯多葛學派，在一些地方，也被稱為斯多葛主義，它是古希臘一個非常重要的哲學流派，與柏拉圖的學院派齊名，同時也是古希臘流行時間最長的哲學學派之一。

有一本著名的書叫《沉思錄》（*The Meditations*），這本書由羅馬五大賢君之一的奧里略撰寫，這位帝王是一個「既知道那麼多道理，又過好這一生的人」。

最開始，奧里略將此書取名為《致我自己》，把日常的思考記錄在其中，卻沒有想到，後人將這本傳世巨作改名為《沉思錄》出版，直至今日，都還是多個網路書店排名前二十的暢銷書。

作為斯多葛主義者，奧里略崇尚的斯多葛主義的主張是：盡人事、知天命，以寧靜內心推崇理智、勇於擔責、誠意正義、格物致知。

聽到這裡，是不是讓你想起了王陽明的陽明心學？是的，中西先賢在「道」的追求上可以說是一脈相承，融會貫通。

但斯多葛主義更強調坦然沉著，無憂無懼，積極入世。這種主張不是與世無爭，更非佛系，而是追求內心寧靜的同時也要有所作為，力求結果。

這不正是我們這些每天擔心專案延期、業績未達標，焦慮升職無望、加薪無門的職場人士迫切需要的一種狀態嗎？

那麼，如何才能成為一個斯多葛主義者呢？

為了成為一個追求事功又不焦慮，能定期做出成果的人，有必要瞭解斯多葛主義者的五個重要思想。

03 五大核心思想

第一個核心思想：情緒軟墊。

和純粹樂觀主義者不同，樂觀主義者總是盼望事情會朝一帆風順的方向前進，但卻屢屢失敗，於是陷入自怨自艾。斯多葛主義者總是先去假設最壞的情況，這種假設能在現實中為自己緩和情緒，等於鋪上了一層厚厚的情緒軟墊。

假設一間公司經營情況不良，氣氛必然十分壓抑，因為人人都會擔心自己會不會是下一個被裁員的人。

我的一位前同事曾遇到過類似的情況，不過有一天，這位同事跟我說自己想通了，雖然她之前還很焦慮。她說：最壞的情況無非是合約到期後不再續約，而她所在的公司在業內還算有點規模，所以就算被裁掉，至少能得到應得的賠償。

有一天，她發現既然自己可以接受最壞的結果，那每天上班也就不必再焦慮。幾個月後，這位同事不僅持續保持良好心態，還獲得了成果：拿到了頂尖公司的入職邀請，薪水漲幅也很可觀，這一定不是一個急迫、焦慮、病急亂投醫的人可以從容達到的境地。

第二個核心思想：影響圈。

史蒂芬．柯維（Stephen Covey）在《與成功有約》（*The 7 Habits of Highly Effective People*）中曾拋出「關注圈」和「影響圈」的概念。「關注圈」是指你只能關注，卻很難去影響的事情，比如美國總統大選、你所在行業的興衰等等；而「影響圈」則是你可以透過自身努力去改變的內容，比如今天早上把一個報告文件做完，明天和客戶簽下合約。

雷茵霍爾德．尼布爾（Reinhold Niebuhr）也曾有一段著名的禱告文，這段禱告文只有三句話：

請神賜予我寧靜，接受我所無法改變的；賜予我勇氣，改變我所能改變的；賜予我智慧，讓我分辨兩者的不同。

斯多葛主義者的主張比這句禱告文早了一千五百多年，比柯維書中提到的七種習慣更是早了兩千多年，但他們都深刻理解並實踐停止對無法控制外物的焦慮，把注意力聚焦在自己身上的行事準則。

比如一個抱持斯多葛主義信念的業務員，他會認為：個人業績無法提升，就多找些產品，擴大銷售漏斗，用數量去對抗產品競爭力不足、轉換率低的特點；公司高層目光短淺，就尋找外部機會，謀求其他發展機會；行業落寞我雖然不能改變，就業餘時間學習新技能，先做個斜槓青年，然後再伺機跨行完成轉型，達成超越自我。

就像斯多葛哲學家艾比克泰德（Epiktetos）曾經說的那樣：普通人試圖改變世界，斯多葛主義者試圖改變自己。

第三個核心思想：活在未來。

許多人都有一個習慣，總是會說：「哎，如果當初怎樣怎樣就好了」。

可是，過去早已成為既成事實，面對翻灑的牛奶，流再多眼淚也無濟於事。

斯多葛主義者則是活在未來的人，他們就像我們之前講的那樣，會假定是未來的自己來「營救」現在的我。

比如我有另一位前同事，在職場遭遇了來自上司的霸凌。上司一直交付給他不擅長的工作，美其名曰鍛鍊他，接著再用糟糕的結果來徹底打擊這位前同事的自信。

我問他，如果五年後，你已經成為部門總監，還獲得了空前的成功，那麼今天的你走出的第一步應該是什麼？他把視線移到地上，想了好一會，然後說：我走出的第一步應該是立刻離開他。

五年後的他，拯救了今天的自己，他沒有再把注意力聚焦在兩人的關係上，而是花了半個月的時間達成目標：找到了另一個更適合他的主管，轉調到能發揮他才幹的職務。

第四個核心思想：克己。

除了去假想最糟糕的情況來控制心態，斯多葛主義者為了獲得勇氣、意志力以及任何想要擁有的卓越品質，還會在生活中假裝最壞的情況已經發生。

有部紀錄片《富豪谷底求翻身》（*Undercover Billionaire*）曾經一度佔據朋友間的討論話題。五十五歲億萬富翁葛倫．史特恩（Glenn Stearns）隱藏了自己的真實身份，僅僅帶著一百美元現金和一輛小卡車，來到陌生的美國賓夕法尼亞州伊利小鎮。

他要在最糟糕的現狀中，用九十天的時間創造一個估值一百萬美元的企業。

第一階段，為了節約開支，這位億萬富豪不惜每晚睡在卡車上，做義工去換一頓午餐。這個階段他和絕大多數人一樣，依靠出賣個人勞動力獲取收入，積攢了一千兩百美元。

第二階段，葛倫利用自己的認知和閱歷，找到一間馬上就要歇業的二手車商，透過低買高賣，轉售了一輛豐田汽車和一輛凱迪拉克汽車；靠著資訊不對稱，迅速賺到了將近一萬美元。

第三階段，融資業出身的他瞄準二手房地產買賣，使用金融槓桿，以極低的首付款拿下一間內部破爛不堪的二手屋，接著馬上找到一位裝修老手做翻新（透過談判約定售出後給予薪酬，透過銀行貸款獲得住房裝修費用），以八萬五千美元售出，獲得四萬美元純利。

從第二階段開始，葛倫就已同時佈局，招募志同道合的夥伴，以〇元薪資，收益共享的方式，協同策劃和創立以燒烤與啤酒為主業的餐飲品牌Underdog BBQ，並在伊利小鎮的燒烤節上以令人無法拒絕的美味一舉成名。

葛倫將自己置於最糟糕的情況，卻又從谷底絕地反攻。雖然創業過程一下子這裡出錯，一下子那裡的團隊成員情緒崩潰，但透過解決問題的能力和良好的溝通能力，葛倫用九十天的時間就換來了專業的團隊、可供開業的資金和當地的良好口碑，最終在專業投資人士的評估下，獲得了七十五萬美元的估值。達到了基本目標！

第五個核心思想：覆盤。

追求事功，三省吾身一日皆不可放鬆。

今天我收穫了什麼？今天我感恩什麼？今天我有沒有犯以後不該再犯的錯誤？今天我抵擋住了什麼誘惑？今天我的實際結果和目標有多少差距？

斯多葛主義者透過不停反思自己，成了一個每天都在迭代升級的小程式。

依靠反思，孔子的愛徒顏回「不貳過」，從不犯相同的錯誤；蘇格拉底也說：未經反思的生活不值得過。

不斷反思，你的能力會在經驗的累積下不斷提升，也可以把經驗真正內化為能力，得到你想要的結果。

小結

1. 斯多葛主義是一種十分符合現代人追求事功、積極入世，同時又避免急迫、焦慮等負面情緒，安享內心平靜的哲學流派。這種哲學家思維，有利於你淡定、從容地在追求個人成長的過程中，做出令自己滿意的選擇。
2. 斯多葛主義主要有五種核心思想，它們分別是：

核心思想一：情緒軟墊；

核心思想二：影響圈；

核心思想三：活在未來；

核心思想四：克己；

核心思想五：反思。

第七節　備胎計劃

由道入法，通往終極寶藏的航行今天出發

本節是第一章的覆盤內容。我希望你不僅僅是閱讀如何自律，更希望你從認識到理解，從理解到內化，把內容變成你自己的，轉化為你的行為習慣。

所以，下面來對五大底層思維模型進行一次覆盤。

「道」的部分是常規計劃，是我們塑造自己內心世界的過程，而該過程就像你作為船長在為一次即將到來的遠航做準備。這些準備工作分別是什麼呢？

我們把它拆解為五大思維模型。

模型一：第一步思維，理解目標。一艘船如果不知道自己要去哪裡，那麼任何方向都是逆風。

第一步思維主要解決「想要起步但遲遲沒有行動」的問題，不行動的根本原因是你連自己想要去哪裡都還沒搞清楚，而當你好不容易搞清楚之後，卻由於自我評價太低，又或者拖延太久，

也就沒有足夠的心理能量讓你去行動。

為了解決這一系列問題，第一步思維給了你一個範式，這個範式分為三步：

第一步，確定具體目標；

第二步，穿越到未來，「回憶」你達成目標前的第一步行動是什麼？

第三步，實踐這第一步，然後一步接著一步，直到連點成線。

模型二：複雜性思維。一艘船如果沒有配備救生艇，那麼船員的心態必然是脆弱的。複雜性思維解決的正是內心脆弱的問題。自我複雜性高，能讓你不容易被情緒壓垮，更不容易受到外在的衝擊。

如何建立複雜性，我也向你提供了兩種具體可行的方案：

方案一：將自己打造成一個斜槓青年；

方案二：為自己準備至少一個BATNA。

同時，在此過程中結合「第一步思維」，使用「連續追問法」，找到二十四小時之內就能立刻執行的實際事項。

模型三：不講理思維，理解情緒。一艘船如果沒有靈活轉向的舵，那麼任何暗湧、礁石都可能阻礙它的前行。

不講理思維解決你遇到困難時的情緒問題，轉變你應對問題的態度，繞開不必要的坑，從容前行，我為你準備了「ＡＢＣＤＥ」策略：

A是Activating event，是一件事情發生了，而且通常是一件不太好的事；

B是Belief，是你的信念，也是你最初本能的想法；

C是Consequence，是這件事情在你信念的加工下，所反映的情緒；

D是Disputation，是你對先前信念的反駁；

E是Exchange，是反駁了原來信念後，改變後的情緒反應結果。

模型四：領導者思維，理解困境。一艘船如果沒有船長，那麼任何困境都可能讓它躊躇不前。

領導者思維可謂大道至簡，只有簡單的兩個字：我來，卻能引申出「我想來」「我該來」「我能來」。

「我想來」誘發意義；

「我該來」帶來義務感；

「我能來」則讓人有信念感。

這三種想法，都能有效激發心理能量，激發行為動機。當你能不再猶豫地說出「我來」，便領悟了領導者思維。

模型五：哲學家思維，理解焦慮。一艘船如果沒有導航系統，那麼任何逆境都可能讓人焦慮。哲學家思維解決的正是你的焦慮，可以使人用五步思想調整到坦然的狀態：

核心思想一：情緒軟墊；

核心思想二：影響圈；

核心思想三：活在未來；

核心思想四：克己；

核心思想五：反思。

當你有了這五個核心思想，就有機會觸及所謂「追求事功」的境界。

第二章

法：自律九步法

現在，你已經為本次遠航做好準備了，那麼接下來就讓我們解開纜繩，奔向大海。接下來的內容將由「道」入「法」，讓你從源頭解決問題，把拖延反覆發作的機率降到最低。

開始之前，我認為很有必要對這九個層層遞進的方法有一個初步的認知：

第一步，找到核心人生使命，讓你有目標地自律。

在道的階段，我告訴過你，你需要一個目標。有些人摸著石頭過河，幸運地找到了，但可能更多的人雖然和自己耗了半天，卻不得其法，依舊沒有找到目標。所以第一步，我會教你一套核心範式，幫你找到屬於你自己、獨一無二的人生使命、人生目標。

第二步，一個不用太完美的開頭。常常覺得想太多卻動不了？開始比深思熟慮更重要。

找到自己的人生使命、人生目標後，就要開始邁出腳步了。我知道你的第一步很可能會邁得特別忐忑，所以這一節我會和你分享為什麼一個不完美的開頭很重要，這會讓你從容不迫，充滿自信地開始。

第三步，只用一招，教你順利翻過「懶癌」的高牆。

這一步會介紹一種心理學技術，這種技術克服的是你內心深處的心理阻力，你要學會設計自己，一旦掌握這種方法，會發現原來堅持也不是那麼難。

第四步，學會控制自己。想要幹勁十足?思考慢下來，行動才能快起來!

有一句話你一定聽過：慢慢來，比較快。就像行軍走路一樣，「不怕慢，就怕站」。這句話聽起來有些反常識，卻說出了一個人在個人發展、個人成長過程中最重要的一點，你只有真正理解和開始實踐這句話，才可以不靠運氣地凶猛成長。

第五步，覆盤。重視每晚七點五十分的自省時刻，戰勝內心的懶惰小人。

人人都知道覆盤重要，但很多人卻不會覆盤。為什麼你總是進步得那麼慢？為什麼你總是沒辦法堅持覆盤？為什麼你覆盤的效果不盡如人意？在第五步中，你可以找到答案。

第六步，開始「上癮」！構建「自律上癮機制」，不再輸給誘惑！

上癮在這裡並非不好的事，其核心內容就是把「癮性機制」拆解出來，然後用在任何你想要刻意練習的項目上。其實，學習是一件非常反人性的事情，所以透過使用上癮機制，你就能把「學習」和「上癮」有效結合，構建出你自己的「自律上癮」機制，這種機制將在很長一段時間裡，讓你的大腦在愉悅中學習成長。

第七步，關鍵結果法。巧用關鍵結果法，擁有迅速完成計劃的動力。

這一步是我個人非常喜歡的OKR方法，只可惜這套來自英特爾，被谷歌、領英推而廣之的有效技術，被很多國內企業用歪了。在這節中，我會向你分享純正、有效的OKR方法，然後把這套方法用在你個人身上，幫助你有章法地，彷彿可以看到進度條似的，一步步提升。

第八步，用四步法一次讓事情達標，不再因「畏難」拖延。

這是一套可以幫你達到任何目標的方法！是目前國內網路大廠高階經理人們普遍推行的一套

方法論，甚至不少公司和名人還專門使用這套方法建立了「實踐機制」。你想像一下，當幾乎所有同事，每天都在使用同一套達成目標的四步法，以「上下同欲」「日拱一卒」的力量推動某個目標，這種力量會有多可怕？

第九步，教你利用「複利」思維，不做無用功，不再拖延，跳出低效率勤奮的怪圈。

說真的，許多陷入低效率勤奮的人真的是沒有「複利」意識。這節內容中，我不僅會訓練你的「複利」意識，還會指導你如何在日常工作和生活中用好「複利」意識，把虛擬的思想，變成實實在在可以看得到摸得著的結果，甚至在你的同事還在加班的時候，你就已經可以在自媒體發表你的可執行方案了。

好了，這艘船已經啟航了，想像一下你就是船長，站在船頭，張開雙臂，看著腳下海面上的波浪正在越來越快地往後退，你甚至能感受到臉頰迎來涼爽的風，還能聽見幾隻信天翁的叫聲，牠們跟著你的船展開了翅膀滑翔。

此時，畫面一變，切換到第三人稱視角，從空中俯瞰這艘船，然後視角越來越高，船也變得越來越小。這艘船最後變成了地圖上的一個小紅點，呈曲線動態前進，曲線的盡頭是本次啟航的終點，終點有一個寶箱，它就是你本次航行的終極獎賞。

沒錯，這個終極獎賞就是依靠你的人生使命創造出來的、價值連城的寶藏，這也是我們下節要寫的內容。

第一節 第一步：核心使命

如何找到人生使命，讓你有目標地自律

你的人生使命到底是什麼？
為什麼人生使命清晰的人更容易自律？
如何透過四種方法來找到屬於自己獨一無二的人生使命？

你是否經常會在一些新聞，或是社群媒體上看到類似這樣的話題，比如某大企業裁員三十四歲以上的員工，又像是三十五歲的人，別成為職場上的奢侈品等。

這些話題不僅引發三四十歲中年人的焦慮，年輕一些的人看到，可能也會怕自己有一天會不會也遭公司編整，面臨被裁員、在職場上沒有競爭力的境地。

於是你可能會問，到底怎麼做，我才能變得不凡、永遠不被替代？

我的答案是：你要找到你的核心區，也就是你的人生使命。

01 人生使命

什麼是人生使命？人生使命就是怎樣用好你的天賦。

天賦在英語中叫gift，有禮物的意思，天賦是老天賜予你的珍貴禮物；使命的英文是Mission，是任務，也可以解釋為艱苦的長途旅行。人生使命的意義連起來，就是用老天賜予你的禮物，來一次艱苦的長途旅行。也就是用你擅長的能力，從有激情的方向出發，為他人創造獨特價值，同時帶來精神或物質回報的旅程。

比如說：彼得．杜拉克（Peter F. Drucker）的人生使命是成為現代管理學之父；曹雪芹的人生使命是完成曠世巨著《紅樓夢》；「雜交水稻之父」袁隆平的人生使命是創造一個沒有飢餓的未來。

這些使命太大，離你太遠對嗎？

那《三體》《流浪地球》這些科幻小說的作者劉慈欣你一定聽說過吧，他的人生使命不是在發電廠當高階工程師，而是用中國科幻帶領全人類去感受星辰大海。

如果說我們平時的目標受社會或他人影響，而理想大多又都脫離實際，飄在天上。那麼人生使命則是從你的心之嚮往出發，又能落實的目標。

而這些在各自領域做出傑出成就的人，他們也都瞭解自己的人生使命，可以說，人生使命是他們取得傲人成果的動力。

02 人生使命如何幫助你

人生使命到底為什麼能幫助這些人取得結果，甚至創造不凡成就呢？和我們講的自律又有什麼關係呢？

其實，追求人生使命的過程，就像我們小時候可能看過的一篇文章《賣油翁》，裡頭賣油翁酷酷地說：無他，唯手熟耳。「手熟」是一種累積；當下，在《異數》（*Outliers*）的作者麥爾坎・葛拉威爾（Malcolm Gladwell）看來，這種累積可以稱為一萬小時定律；安德斯・艾瑞克森（Anders Ericsson）的「解釋」則更進一步，叫「刻意練習」。

要知道，真正擁有人生使命的人是很容易自律的。這是因為人生使命可以使一個人在他真正熱愛並且擅長的領域努力，令人每天都充滿激情，一睜開眼就想工作，甚至像巴菲特一樣「跳著踢踏舞去上班」。

而且一個人如果想要長久保持對人生使命的熱情，就需要和社會大眾的需求連結，需求決定市場行為，這意味著只要將事情做好，就可以累積人脈，甚至得到金錢收入。

比如美國作家凱文・凱利（Kevin Kelly）在《科技體》（*The Technium*）中說：保守假設，死忠粉絲每年會用一天的薪水來支持你的工作。這裡，一天的薪水是一個平均值，因為最死忠的粉絲肯定會花得比這個數字更多。

所以，同樣的一份工作，在一個普通人看來，僅僅是一件為自己謀生的活計，但在擁有人生使命的人眼中，這份工作卻是「心之嚮往」，會很願意把這門手藝變得「手熟」、累積一萬小時、每天都做「刻意練習」。

人生使命就決定了一個人能否有效地投入時間。擁有人生使命的人，是否更容易實現「堅持」和「自律」呢？

03 如何找到自己的人生使命

讀到這裡，你可能已經很期待了，既然以人生使命推動工作有如此大的力量，那一個普通人，該怎樣找到屬於自己獨一無二的人生使命呢？我在此介紹四種策略：

第一種策略：三環合一法。

這個方法來自《從A到A+》（*Good To Great*）的作者詹姆·柯林斯（Jim Collins）。柯林斯在史丹佛大學商學院獲得傑出教學獎，擁有豐富的商業和職場經驗，還曾經在麥肯錫、惠普等全球五百大公司任職。

柯林斯為我們總結的三環理論是這樣的：

第一個環：你熱愛什麼，什麼事情能讓你持續保有激情？

第二個環：你擅長什麼，什麼事情你能做得比其他人都好？

第三個環：別人需要什麼，什麼事情能為你帶來利益，成為你的收入來源？

這三個環交接的陰影部分，就是你的核心區，你如果能在你的核心區裡找到能做的事，那就找到了自己的人生使命，會做得比別人都好，甚至成為大師。

所以，當你找到屬於自己那三環合一的部分，就找到自己的人生使命了。

第二種策略：先MECE再做減法。

讀過《金字塔原理》（*The Minto Pyramid Principle*）的同學一定知道MECE分析法，全名是Mutually Exclusive Collectively Exhaustive，它的中文意思是「相互獨立，完全

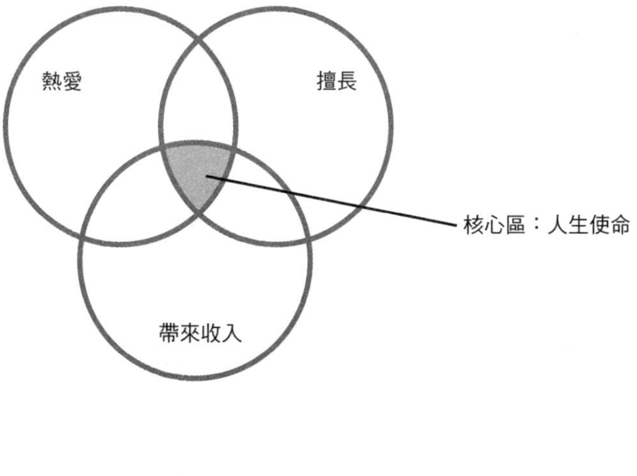

窮盡」。

MECE分析法在尋找個人的人生使命上有什麼作用呢？

答案是，你可以挑一個週末下午，留給自己至少三小時不被打擾的時間，然後把你喜歡或者擅長做的事情一個個都寫下來：比如，攝影、做簡報、畫漫畫、跳踢踏舞等。至少要寫三十件事。

一開始你可能會寫得很快，但越到後來速度就越慢，但是沒關係，逼自己寫，直到湊滿三十個為止。

很多人在寫的過程中，會突然發現某件事擊中了自己的內心，甚至會感覺鼻子一酸，熱淚盈眶。恭喜你！如果在這個過程中你發現了這樣一件事情，你就已經成功一半了。

比如當我寫下「此生以出版五十本書為目標，實現著作等身」這句話時，就感覺胸腔中有一股閃耀的光在震動，眼中盈出淚水，感覺抓住了自己的長期人生使命。

但為什麼是只成功一半？我接下來會細說。但有些人就算寫滿了三十個，其中仍舊沒有讓自己熱淚盈眶的事情，該怎麼辦呢？

那麼接下來就要開始做減法了。把那些一看就是三分鐘熱度，不可靠的內容一個個刪掉。這個過程和剛才正好相反，因為越到後面會越困難，越難以割捨，直到只剩下五件事。

最後你要去判斷，在這五件事中，哪件事可能為你帶來經濟收入，那一兩件事情有很大機率就是你的人生使命。

第三種策略：四大天王法。

如果說「先MECE再做減法」適合理性、喜歡分析問題的人，那麼四大天王法可能偏感性，因為這是一種透過主觀感覺，找到自己人生使命的策略。

首先，你要找到四個你特別想成為的人。

我還是拿自己舉例，我自己特別想成為某幾個行業內的大咖：李笑來、吳軍、劉潤、武志紅……

其次，從這四個人身上，分別提煉三個標籤。

比如，

李笑來的標籤是：寫作、演講、投資；

吳軍的標籤是：寫作、科技、數學；

劉潤的標籤是：商業、寫作、演講；

武志紅的標籤是：心理學、寫作、心理諮商。

最後，尋找共通之處。

這四個人的重要共通之處是「寫作」，排名第二的是「演講」，排名第三的則是其他內容。

所以對我來說，「寫作」和「演講」就是我的人生使命。

你可能會問，不需要再去匹配社會需求了嗎？是的，不需要。因為四大天王法身上的標籤通常都是你可以看見的、商業化之後的產物，所以肯定是有市場需求的，這種依靠感覺的方法，也能幫你找到自己的人生使命。

第四種策略：三七％試錯法則。

如果透過上面兩種方法還是沒找到，怎麼辦？還有一種笨拙但有效的辦法，那就是試錯。試錯的成本很高，所以我放在最後。

什麼是「三七％法則」？

《決斷的演算》（*Algorithms to Live by: The Computer Science of Human Decisions*）的作者，二○○九年人工智慧羅布納獎得主布萊恩・克里斯汀（Brian Christian）和加州大學心理和認知科學教授湯姆・葛瑞菲斯（Tom Griffiths）這兩個名字有點長的外國專家總結出一個「三七％法則」。

它的意思是說：人們在做選擇時，可以把觀察和選擇分為兩個不同階段，前三七％的時間用來觀察，記住讓自己最滿意的部分；三七％的時間過去後，如果看到了和預期情況差不多的選項，就不要猶豫，立刻選擇它。

「三七％法則」能運用在擇偶、挑選二手屋、選餐廳吃飯等限定情境。同樣的，對於判斷人生使命來說，「三七％法則」也是一種幫助你做出滿意決策的方法。

我們假設一個大學生二十五歲畢業，而正常退休年齡為六十歲。那麼在三十五年的職業生涯中，這個三七%的時間點應該是工作的第十三年，也就是三十八歲。

所以，如果你還沒三十八歲，那你可以盡可能地去試錯，觀察哪件事情讓自己感到滿意；如果你已經超過三十八歲，也沒有關係，從過去自己感到滿意的事情中挑選一件，雖然這件事情可能不是完美的人生使命，也一定是你的次優選擇。

小結

1. 人生使命就在你的核心區中，就看你怎麼應用你的天賦。
2. 由於人生使命是你的心之嚮往，因此更容易達成自律，能比其他人相對輕鬆地修煉一萬小時，進行刻意練習。
3. 為了找到自己的人生使命，可以使用四種策略：

第一種策略：三環合一法。

第二種策略：先MECE再做減法。

第三種策略：四大天王法。

第四種策略：三七%試錯法則。

第二節　第二步：不完美的開端

想太多卻動不了？為什麼開始比深思熟慮更重要

為什麼你永遠猜不到人生故事的結尾？

什麼是魯莽定律？

怎樣用SAFFF法則高效率點亮你的技能天賦點？

01 猜不到結尾的故事

到底什麼是不完美的開端呢？

對任何一件事來說，開端都可能並不完美，甚至很爛。不過儘管開頭很爛，中間也可能彎折磨人，不太順利，但卻足以改變你的生命軌跡。

二〇〇八年，美國爆發了金融危機，那一年我在一家台灣企業的半導體工廠上班，為了撐過訂單量陡然下滑的困境，公司開始執行強制休假降薪政策，雖然收入減少蠻鬱悶的，但這讓我有了更多的時間，於是我開始著手寫一本有關一九八〇年以後出生的人如何對抗金融危機的書，寫了七．八萬字，反覆修改了七次，但最後卻由於找不到出版社願意出版而無疾而終。

二〇〇九年七月，不甘失敗的情緒讓我放下書稿，把目光轉向另一件很感興趣的事情——手帳。於是我辭職創業了，花了一個多月的時間尋找印刷廠生產以植物、埃及和五行元素為主的手帳，跑市場開發銷售管道，結果三個多月後，我和合夥人發現這根本養不活自己，生活壓力越來越大，於是只能厚著臉皮找到原單位主管，又回去上班。

這麼一折騰，在論資排輩文化嚴重的台灣企業裡，我只好重新排隊，當時的我年輕氣盛，憋著一股勁，於是在二〇一〇年年底，跳槽去了另一家公司，可剛到新公司報到才不到一個月，原單位首席運營長宣佈全員大幅漲薪，很多人漲薪幅度甚至高達五〇%左右，這個消息讓我鬱悶不已。

在這之後的很長一段時間，我一直在反思：我是不是太折騰了，如果當初不寫書，是不是就不會因為不甘心而跑去創業；如果當時創業前想清楚一點，是不是就不會因為出走了一段時間而需要重新論資排輩；如果當初不重新排隊，我是不是就不會離開原公司，就能跟著漲薪了呢？

可是，如果站在十多年後的現在回頭去看，我不僅從傳統製造業轉行躋身網路業，成為多條產品線負責人，還成了電子製造行業龍頭企業的副總經理，每天面對時代尖端技術。目前我還出版了六本書，完成了人生出版五十本書目標的一二%；更重要的是，我現在每天都在做熱愛的事情，而且這些事還能帶給我不錯的經濟回報。

如果現在我還在最初的公司，可能收入有變高，但一定還在從事雖然擅長但枯燥乏味、不符合個性特徵、無法拓寬視野，更與我的人生使命相去甚遠的事情，當然，也不可能有現在這種狀態。

你看，這可不就是一個開頭很爛，但結尾還不錯的故事嗎。

02 魯莽定律

正是這個很爛的開頭改變了我的生命軌跡，讓我從每天按部就班，在公司得不到重視，無法發揮自身長處的狀態，投身到有社會和商業價值，同時也是我心之嚮往的領域。而且從目前來看，以一年出版一到二本書的進度來說，也還不錯。

但是，有很長一段時間，我依然不敢和別人宣稱不完美的開端適合任何人，因為上面這十年經歷可能只是我的個人經驗，甚至我在獲得這些成果時，也覺得應該主要把它們歸因於幸運。

直到我在二〇一八年年初，看到得到首席執行長李天田分享的一條定律：魯莽定律，我才發現，這個策略確實有效。李天田說：人生總有很多左右為難的事，如果你在做與不做之間糾結，那麼，不要反覆推演，立刻去做。莽撞的人反而更容易贏。

因為如果不做，這件事就永遠是停在腦中的「假想」，由於不知道真實的結果會是什麼，這件事對你的誘惑會越來越大，最終讓你後悔。而去做，就進入了嘗試、回饋、推進的循環，最終至少有一半機率能做成，不後悔。

正是因為我一開始寫了本自娛自樂的書，一本沒有出版社願意出版的書，有了這個「嘗試A」，我才開始接收到來自社會的「回饋A」；正是因為我放棄了較穩定的收入，趁著成本比較低的時候試著創業這項「嘗試B」，我才逐步獲得了一些市場需求資訊，得到了「回饋B」。

但當時我沒總結出這一點，所以我直到二〇一五年年末，才又後知後覺地重新實踐「魯莽定律」，開始再次寫作，一篇又一篇地寫，從最開始一星期只能寫出五百多個字，點閱數只有個位數，到透過不斷的「嘗試」「回饋」和「推進」，後來能逐步寫出一千三百多字，點閱數也上升至上千，甚至偶爾過萬。

再到現在每周都能產出三篇像樣的三千多字文稿，日拱一卒地實踐人生五十本書的計劃。

我時常在想，幸虧當年誤打誤撞使用了「魯莽定律」，讓寫作天賦覺醒，否則可能到現在仍舊是一個在工廠裡苦哈哈，每天做著重覆事情的理科生。

但是請注意，「魯莽定律」雖然有效，不過它還是一種低效率的「埋頭探索」模式，因為算起來我花了十多年的時間，才把自己的人生目標向前推進了一二%，而且這一二%也是從二〇一六年後才真正開始推動起來的。

那什麼才是更高效率的方式呢？

是接下來的SAFFF法則，是一種比起魯莽定律更新一代的自律策略，它能更高效率地幫助你開啟一段行動，從今天開始，一個個覺醒屬於你的天賦的方法。

03 SAFFF法則

SAFFF法則一共由五個單字的首字母組成，它們分別是：

Start，開始；

Action，行動；

Forecast，預測；

Feedback，回饋；

Fix，修正。

第一步，開始：我假設你現在已經完成了第一步的修煉，找到了自己的人生使命，那麼接下來的第一件事情就是「立刻開始」。這裡請注意，立刻開始，意味著你必須今天，最好二小時內開始，而不是明天開始。

為什麼呢？還記得B＝ATM這個公式嗎，M是你的動機，動機在最開始的時候就像一朵弱不禁風的花蕾，是很脆弱的，會隨著時間的推移衰減，尤其是一覺睡醒後，你前一天的動力很可能會消失不見。

所以，要開始做一件事情的時候，不是「要就不做，不然就做好」；而是「要就不做，不然就立刻開始」。

第二步，行動：現在你已經從精神上開始啟動了，所以你的行動也要馬上開始。如果打算減肥，那麼你的身體就可以蹲下，然後站起來，再蹲下，再站起來，重覆這個動作三十次。沒錯，你已經做了好幾下深蹲了，二個深蹲就能消耗掉大約一大卡的熱量。

如果你早上在床上醒來但起不來，理性上做好了要起床的決定，但身體這頭「大象」就是不聽話，沒關係，你可以先集中注意力，從動一動你的小指頭開始，然後是兩根手指、三根手指，你會發現你身體的甦醒面積也在逐步擴散，越來越大。

而如果你打算和我一樣，想要開始寫作，那你也可以立刻寫下五十字，在你的社群媒體帳號發表。

第三步，預測：行動結束之後，你就留下了一個腳印。這個時候，不該馬上繼續行動，而是先設法預測自己下一步的行動。為什麼我不讓你直接思考前面的結果？而是先去做預測呢？因為這是一步非常關鍵的行為設計：

如果你的預測不準確——當然，一開始你的預測有很大機率會不準確——但正是這種不準確，會讓你產生一種落差，在行動產生結果之後，這種落差會促使你深入思考，到底哪裡不對；與此同時，落差也會讓你印象更深刻。

比如以減肥為例，如果按照某分具體的「每周減脂食譜」進食，可以預測一下本週七天二十一頓飯之後，會有幾次超標進食、偷吃幾次零食，一週後你的體重又會下降多少？請務必養成預測的習慣，因為當預測和實際情況發生了對比，接下去的第四步回饋，才更有意義。

第四步，回饋：是的，這是讓你從十分、二十分進步到八十分、九十分乃至九十九分的關鍵一步。

就像剛才說的，除非運氣爆棚，否則一開始的預測一定會和真實回饋有很大距離，但是沒關係，回饋是真實世界最確切的回饋，從回饋中你可以找到改進的方向，一步步調整你行動的策略。

比如一週下來，你的體重雖然降低了一些，但比起其他人一周減了〇．七公斤，你的減肥速度很緩慢，才〇．一公斤，這和你的預測產生了不少落差，這個落差就會迫使你去尋找原因。於是你發現，那些一週減了〇．七公斤的人，她們一頓飯會分幾次吃，這樣會一直有飽腹感，避免偷吃零食，攝入額外的熱量。

於是，你就進入了第五步。

第五步，修正：修正一定是基於回饋的。

當然，在經驗還沒累積起來的情況下，最開始可能會把二十分修正成十八分、十五分，但沒有關係，修正的時候還可以參考別人的行動方案。

仍舊以減肥為例，可以仿效他人經驗，每天中午只吃一半的飯菜，另一半先放著，等到下午三四點感覺有點餓了的時候，再把剩下的吃完。

你看，當你開始行動，你就進入了行動預測回饋修正的閉環，你的能力在這個閉環的修煉下會越來越高，如果換一個熟悉的名字來描述這個閉環，它就是「刻意練習」。

小結

1.魯莽定律：人生總有很多左右為難的事，如果你在做與不做之間糾結，那麼，不要反覆推演，立即去做。莽撞的人反而更容易贏。

2.更新一代的啟動方式，由五個單字的首字母組成，它們分別是SAFFF：

S，Start開始；

A，Action行動；

F，Forecast預測；

F，Feedback回饋；

F，Fix修正。

第三節 第三步：先跨越這道牆

為什麼我鼓勵你先把背包扔過牆

為什麼想要修煉一項技能，要先購買昂貴的道具？
為什麼「跨牆策略」對人們有效？
怎樣具體落實「跨牆策略」？

如果你已經開始行動了，但總是三分鐘熱度，沒有辦法堅持。那麼在本節要詳細討論的方法中，我會和你聊聊一種可持續、能有效激發自身行動動機的策略，這種策略叫作：跨牆策略，即「先把背包扔過牆」。

01 逼迫自己專注的方法

著名的幻燈片設計師許岑，曾為許多知名品牌設計過精美的發表會幻燈片，也是位暢銷書作者。他曾向人介紹說，他在二十六歲時學吉他，一開始沒有像大家那樣在樂器行或者網路上直接買一把便宜的初學者吉他，而是跑到專櫃去買了一把非常昂貴的吉他。

他為什麼要這麼做呢？有錢就是任性？

但據他所說，這筆錢其實是他借來的，之後也花了一年才還完。但這也是他學成吉他的關鍵：他心疼這筆錢，所以每天花四小時不停練習，才覺得對得起自己花的這份錢。

如果你想考企業管理碩士（Master of Business Administration，MBA），你認為是依靠自學備考容易；還是花大錢報名考前輔導班更容易考上？我的答案是：花大錢報名考前輔導班。是因為我有錢任性嗎？當然不是，但花了這些錢，我會感覺心疼，如果每天回到家不做一到兩份模擬考卷，就覺得對不起我支付的這筆錢。

前文提到的許岑有段時間想練書法，也用了同樣的辦法。他買了一百元一張的宣紙。練過書法的人一定能感同身受，一次書法練習，一定會用至少三到五張宣紙，這宣紙一百元一張，練習一次就要花費三到五百元不等，會不會太奢侈了？

同樣道理，之所以要選擇一百元一張的宣紙，而不用一般人常用的舊報紙，或者一兩元一張的廉價宣紙，也是為了訓練自己的專注力。因為只有專注力聚焦於此，才能做到練習書法所需要的「一絲不苟」，真正達到刻意練習的效果。這就是逼迫自己專注的方法。

02 先把背包扔過牆

無論是練吉他、考碩士還是練習書法，我都想要和你分享一個逼迫自己行動的策略：先把你的背包扔過牆。

想像你的眼前有一堵牆，這堵牆有點高，爬起來有一定的困難，但你知道自己只要努力是能爬過去的，只不過拖延症困擾著你，讓你提不起勁，不太想去爬。

這時候比較好的策略是什麼呢？

沒錯，就是先把你的背包取下來，猛然一扔，把背包先扔過去。你的背包已經在牆的另一邊了，爬過牆就是你唯一的選擇，此時，你會發現你身上的拖延症、懶癌全都消失了，你也有足夠的動力去做這件事。

把背包扔過牆之所以能產生良好效果，是因為人有一種叫作「損失厭惡」的心理機制。這個概念由二〇〇二年諾貝爾經濟學獎得主，美國普林斯頓大學教授丹尼爾·康納曼所提出。

損失厭惡是指人們面對相等數量的收益和損失時，會覺得損失讓自己更難以忍受。

為了驗證這個心理學效應，康納曼教授特地設計了一個心理學實驗。

他讓受試者參加一個抛硬幣的遊戲，這枚硬幣質地均勻，沒有動過任何手腳，遊戲的規則是：如果正面朝上，那麼受試者可以獲得一百五十美元的獎勵；如果背面朝上，那麼就得付出一百美元的懲罰。

有點機率概念的人一眼就能看出，康納曼教授這個實驗是在送錢給大家啊，畢竟機率一半一半，且獲勝贏得的收益遠超過輸掉賭局的損失，這個遊戲如果長期玩下去，康納曼教授一定虧錢，而受試者一定賺錢。

但事實上又如何呢？

大多數人都拒絕參與這個實驗，因為在人們的心智中，損失一百美元的痛苦，要大於贏得一百五十美元的快樂。

這也很好理解，我們打個比方。

第一種情況，假如你上班時在捷運站撿到五百元，但其中的三百元又不小心掉了；第二種情況，你在捷運站撿到了三百元，後面則是沒再發生其他事情。是不是第一種情況讓你覺得心裡有些不舒服，第二種情況卻只會讓人單純地感到愉悅呢？

雖然撿到錢都應該交給警察，但人類的底層心理都是差不多的，這也恰好證明了康納曼教授實驗的結論。那麼到底最少收益要達到多少才能彌補損失一百元的痛苦呢？

同樣透過心理實驗，答案是：二百元。也就是說，人們要得到二倍的回報，才能接受損失一倍的現實。

所以，再讓我們把話題回到把背包扔過牆這個比喻，比起堅持一件事情能帶來的好處，做不成一件事情會帶來損失，損失所帶來的動力會更強。這會帶給你緊張感，讓你趕緊動起來，從而避免損失。

報名高價補習班迫使自己每天做模擬考卷，購買一百元一張的宣紙讓自己每一筆毛筆字都凝練著高度的專注，無限接近於「一絲不苟」的狀態，正是「損失厭惡」的效果。

所以你看，普通人的堅持是對自己大喊口號「絕不認輸」，自律者的堅持是對自己使用損失厭惡的策略。

03 兩種替代策略

不過你可能會說，「損失厭惡」這個道理我懂了，不過這也太奢侈了，我可沒那麼多錢，有沒有便宜一點的方法，就能讓我運用「損失厭惡」的心理，克服拖延症、懶癌，達到自律的效果呢？

有的，接下來我要分享的另外兩種方法，正是你可以馬上執行的策略：

策略一：增加沒達成目標要付出的成本。

我們常在新年的時候為自己設定年度目標，比如一年讀完二十本書，今年減肥十公斤，或者今年一定要換一個工作等。

但年度目標年年設定，卻又年年達不到，怎麼辦？一個有效的辦法就是與幾個好友互相約定，誰達不到目標就在這一年的年底請大家吃一頓平時捨不得吃的海鮮自助大餐。如果都達成任務，那就餐費自負，大家一起吃大餐慶祝一頓；如果所有人都沒達成目標，那就不慶祝。

這樣一來，你就會深思熟慮，不可能幫自己定一個做不到的目標，你立下的目標一定是稍微努力就能達成的，例如一年讀完十本書；另外，由於損失厭惡的心理，你不願意出錢請客。這就反倒逼你自律了。

還有一種辦法，就是為了讓自己保持某種好習慣，和朋友們約定，各自設定一個目標，並預先繳交押金，設立獎金池，完成任務後瓜分獎金池。但這種方法不太容易找到合夥的朋友。

到了年底，無論是誰請客，一頓不那麼奢侈的大餐，都是在犒賞達成目標者自律和堅持的行為。

這種犒賞會讓大腦感到愉悅，而這種愉悅是讓行為上癮的關鍵要素，關於構建行為上癮的原理，是我們後面的內容，我會在後面的章節中詳細說明這個普通人不瞭解，卻又每天都在產生作用的腦科學知識。

策略二：公開承諾。

除了讓自己付出成本以外，如果你認為自己是一個愛面子的人，也可以使用公開承諾策略。

這個策略就彷彿是古代打仗前立下軍令狀，比如在朋友群組或者辦公室跟大家宣佈，每星期一定要堅持深蹲，每次做三組，每組四十下。

雖然承諾的目標並不高，但人們總是不想食言，所以你可以在自己能力範圍內做出類似的公開承諾。

不過我必須強調，有些不把自己的名譽看得那麼重要的人，或者公開承諾的內容超出了自身能力範圍，那麼這個策略一定會失效。

所以在使用這條策略前，需要做好以上兩方面的評估。

小結

1. 先把背包扔過牆：我希望你在感到自己很可能無法堅持的時候，透過本節的行為設計方法來激勵自己，把在意的背包先扔過牆，用損失厭惡的心理給予自己強而有力的心理動力，讓自己得以不斷做出向目標邁進的行動。
2. 三種具體策略：
一、支付高額學費或購買昂貴道具，利用損失厭惡心理，提升專注力；
二、增加沒達成目標的成本，激勵自己自律；
三、用公開承諾的方式，讓自己有足夠的動機完成承諾。

第四節 第四步：慢慢來，比較快

想要幹勁十足？思考慢下來，行動才能快起來！

為什麼「慢慢來，比較快」？
慢思考如何幫助你實現自律？
控制策略四步法實際上要怎麼做？

許多時候現實世界中的工作，並不是簡單線性的重覆勞動，往往比較複雜，有的任務雖然是單一事件，但又很重要，是整個專案推進時不可或缺的環節；又或者你一直想考研究所，想提升自己的學歷，讓自己再往前邁進一步，但每天上班已經很累了，你沒空思考怎樣進行，所以一再延遲計劃。

面對這種情況，你又該如何實現自律呢？

所以本節會介紹一種用慢思考解決複雜任務中的拖延問題。

01 兩個思想實驗

在講具體的方法之前，先做一個簡單的思想實驗，假設現在你在工作，我打斷了你並問：在不借助計算機等電子儀器的情況下，請你計算一下七十二乘以二十四等於多少？

你心裡一定在想，這道題目我應該會算，但又有另一個聲音響起，說：我現在不太方便、也不太願意做，對不對？

而且沒過多久你就會把這件事情給忘了。

現在，我又在你工作的時候打斷你，問說：請你計算一下九乘九等於多少？

你肯定會說，哎呀，這也太簡單了吧，不就是八十一嗎？這種題目小學生都會算。

你看，同樣是乘法題，一道題目被擱置了，另一道題卻立刻解出。

這是為什麼呢？

答案很明顯，因為七十二乘以二十四比較複雜，需要不少中間步驟，要動用慢思考；而九乘九很簡單，九九乘法表誰都背過，所以用快思考就能立刻得出答案。

02 快思考與慢思考

你注意到了嗎，我剛剛提到了兩個詞：快思考和慢思考。那什麼是快思考，什麼又是慢思考呢？

這兩個概念出自丹尼爾・康納曼的著作《快思慢想》（*Thinking, Fast and Slow*），在康納曼教授看來，快思考是直覺性的判斷，是自主且無意識的，比如夜晚在路上行走，前面突然閃出一個人影，你被嚇了一跳，然後立刻想要逃跑，這就是快思考的結果。這種快思考，讓我們人類的祖先在條件惡劣的原始時代存活了下來。

而慢思考則是有邏輯且嚴謹的，在慢思考的過程中，人們需要集中注意力，讓大腦充分運轉，然後分析眼前的情況，做出判斷和決策，再付諸行動。

人類的大腦通常都是懶惰的，因為這樣更節能，是大自然選擇的結果，所以通常情況下人們常用快思考。比如，我剛剛舉的算數例子。任何學習過乘法運算的人都知道，七十二乘以二十四其實就是先拆解，先拿七十二乘四，等於二八八；再拿七十二乘二〇，等於一四四〇；再將二八八和一四四〇做個加法，最後得出答案為一七二八。最後一步加法雖然會稍稍費點腦子，但相對於直接心算七十二乘以二十四，還是比較容易完成的。

不過，就像我們小學學習乘法運算的時候，老師要求我們把算式寫在紙上，然後一步步認真做拆解運算。只有這樣，這道複雜的題目才能快速得出結果。可以說，這就是一種慢思考的過程。

理解了快思考和慢思考，你可能會問，這和我的拖延問題有什麼關係呢？

其實，正是因為這些工作任務如同七十二乘以二十四一樣複雜，無法用本能的快思考立刻獲得答案，所以就容易被一而再，再而三地拖延、擱置。

雖說我們遇到的問題肯定比七十二乘以二十四複雜得多，但其實它們讓你的大腦感到複雜的原因是一樣的。同理，在真實世界，如果需要找到問題的解決方案，也和處理七十二乘以二十四這道算術題的解題方法如出一轍。核心就是需要你把快思考轉變為慢思考。

同時，在現實生活中，當一個人的腦子裡堆積了太多這類需要動用慢思考的複雜任務，而且遲遲不行動或是行動沒多久後又不繼續了，就容易降低對自己的評價，徒增精神內耗。人也會變得越來越焦慮，拖延不自律就成了常態。

身邊許多喊著要去讀個研究所，要去完成一件什麼大事，但遲遲沒有動靜的人，也是因為這個原因。

現在，我們已經清楚慢思考是為了分解步驟，克服拖延，抓住過程，拿到結果，接下來我要介紹讓快思考變成慢思考的關鍵步驟，也是我們自律九段法的第四步——控制策略。

03 控制策略

是的，我把使用慢思考來應對這種複雜問題的過程叫作「控制策略」，實際上要怎麼控制呢？分為四個步驟。

第一步，使用「巴菲特控制法」，也就是把你想要達成的事情寫下來。

寫的動作，是有效把人從「快思考」模式強行拉進「慢思考」模式的方法。比如巴菲特有一個非常著名的習慣，那就是他如果無法在一張紙上把自己交易股票的理由寫下來，就絕不進行交易。因為沒有經過「慢思考」的交易操作，很可能比較情緒化，往往是錯的。

比如巴菲特會在紙上寫下：我接下來要對蘋果公司做大約五百億美元的交易，主要是因為……

這些內容是有嚴謹的因果邏輯的，不是一時興起的產物，而是經過認真思考的結果。

所以如果你要考研究所，我也建議你先使用「巴菲特控制法」把這個複雜的單次任務寫下來，比如：我接下來要開始準備考研究所，主要是因為……

透過動筆，可以確定這件事情背後的邏輯，到底是因為看到別人也考，有從眾的心理，還是真的看清楚了自己的發展方向，需要一個相關專業的碩士學歷學位。

第二步，列清單。把複雜的單次任務，像處理七十二乘以二十四一樣，將需要實現的步驟列出一個清單。

如果你看過阿圖·葛文德（Atul Gawande）醫生的《清單革命》（*The Checklist Manifesto: How To Get Things Right*）就一定能理解「清單的力量」，清單的力量主要體現在下面三個方面，我們以考研究所為例來加深理解：

首先，清單可以幫助你確立實際上要做什麼準備。比如你可以把別人考研究所路上曾經遇到的困難點，例如全國聯考、面試答辯及其應對的具體措施，比如購買歷年模擬考題來練習、每天背誦高頻率單字、面試答辯經驗學習等，列出行動清單。

其次，羅列好具體的清單內容後，把近期需要做的事情變成每周TDL。TDL是to do list的縮寫，意思是需要做的事項清單，是你每個星期必須完成的某幾個具體行動。有了具體行動，慢思考的過程，也就成了一個可以用快思考完成的簡單動作，完成這些動作，你也就離完成整個計畫更近了一點。

再次，調整最佳化清單。一開始列出的清單是根據別人的經驗，但自己實際執行時，可能會有一些變化，當你有了清單之後，應該隨時把它打開，檢查哪個行動計劃和實際遇到的情況有所出入。這就是把行動清單寫在紙上或者記錄在電子設備裡的好處，這比只記在大腦裡好太多了。

下面，給你一個實際例子，一張羅列清晰的日清單可能會是這樣：

早上通勤時，用背單字程式記憶十個高頻率詞彙；
中午午休時，找個沒人的會議室完成半份數學模擬試題；
晚上臨睡前，完成剩下半份數學模擬試題。

每次任務強度都不會特別大，但正所謂流水不爭先，爭的是滔滔不絕，所以每天都能往前「拱」那麼一點，累計下來，整體進步就會很可觀。

第三步，針對關鍵節點設置ＥＦＬ。

ＥＦＬ是early finished line的縮寫，意思是最早完成時間線。你可能會說，別人都說ＤＤＬ（也就是deadline，最晚完成時間線）是生產力，你為什麼要設置ＥＦＬ？

你說對了一部分，ＤＤＬ的確是驅動力，很多人學生時代都是在暑假最後幾天完成整個暑假的作業，工作後也是，不到ＤＤＬ前都沒有動力去著手開始工作。但ＤＤＬ不是有效的自律工具，ＥＦＬ才是。

我們前面在講「第一步思維」時曾提到「錨定效應」，ＤＤＬ設置的時間實際上就是一個錨點，但卻是一個無法讓你提前行動的錨點，而ＥＦＬ則把完成時間錨定得更早，這種錨定會有較大機率讓你在這一天前就開始實施這項具體行動，是比ＤＤＬ更有力量的自律工具。

還是拿研究所考試舉例，比如你打算練習寫作文，原來定下的DDL是週末結束前，現在則用EFL，就可以把時間設置在星期六下午二點前，這樣就有一定機率執行自己許下的諾言，所以時間到了，就會自動自發坐在書桌前，動筆練習。

第四步，如果不得不延遲某項行動，把理由寫下來。

你看，我們從「寫」開始，最後還是要回到「寫」。因為拖延是一種情緒，只有透過「寫」，你才能分辨出延遲某件事到底是有邏輯上的原因，還是拖延的情緒在作祟。

譬如因為星期五部門聚餐不能完成晚上的半份模擬考卷，那就寫下：今天剩下的模擬考卷留到明天早上十點前完成，因為晚上有聚餐。這樣做的好處是，你會嚴格控管自己的理由，所以會辨識出一些不太站得住腳的理由並克服它。

所以，整個四步法就是一個用慢思考來定目標、抓過程、控變化、拿結果的過程。當思考慢下來了，複雜的計畫就會被拆解成可執行的具體步驟、具體任務，你的行動自然就更容易快起來。

這就是：慢慢來，比較快。

小結

1. 控制的方法是「慢思考」，是用「寫」的方式，充分細緻思考後，把複雜事件拆分為具體的過程，這個過程也被分為四步。

2. 控制策略四步法：

第一步：使用「巴菲特控制法」，把你想要達成的事情寫下來，並且要寫清楚想要達成的原因。

第二步：列清單。把可能需要實現的步驟列成具體行動的清單。

第三步：針對關鍵節點設置EFL，即最早完成時間點。

第四步：如果不得不延遲某項具體行動，一樣把理由寫下來。

第五節　第五步：覆盤

每晚七點五十分自省，戰勝內心的懶惰

究竟什麼是覆盤？
覆盤有什麼好處？

透過四個步驟，在固定時間幫你實現高效率的結構化覆盤。本節，我會用結構化的覆盤範式來幫助你對付心中的懶惰，並且讓你在完成複雜任務的過程中，變得有效而且高效率。

01 什麼是覆盤

首先我們先來說說，什麼是覆盤？

覆盤本來是一個圍棋術語，是指一場圍棋戰局結束後，旗手透過覆演這盤棋局，檢查對局過程中雙方招法的優劣和得失，它的目的主要是不斷提高自己的水準，讓棋手在之後的棋局中不犯相同的錯誤，並且反覆提煉「妙手」，以在類似的情境下重覆使用。

後來有人發現，覆盤這種技術不僅可以用在圍棋上，在軍事、企業發展、個人發展這些領域，覆盤也可以幫助個人在事後深入結構化反思，幫助人們總結經驗和規律，提升個人與組織的能力，達到提升績效的良好效果。

許多知名企業如華為、騰訊的團隊管理流程中都有覆盤這一項，以確定每個計畫中的得失。現在，覆盤已經成為許多成功企業和個人的標準流程。

02 覆盤有什麼好處

覆盤聽起來好像蠻了不起的，那它實際上有什麼作用呢？

愛因斯坦說：我們無法在原有的認知水準上解決原有的問題。所以，覆盤最大的好處是能幫助你沉澱經驗、萃取知識、解決問題、提高效率。

舉個例子，比如一九九〇年，國際救助兒童會派遣傑瑞・史特寧（Jerry Sternin），前往越南解決當地兒童營養不良的問題。此前，大量專家已經得出結論：當地衛生條件落後、人民經濟情況貧困、連飲用水都匱乏。但在史特寧看來，這些都是正確的廢話，如果從這些條件入手，解決當地兒童營養不良的問題將遙遙無期。

於是，他就召集一些處境相同，但孩子健康狀況良好的家庭進行覆盤。結果發現，這些媽媽會在米飯裡放一些小蝦小蟹和地瓜葉，這些在當地隨處可見的便宜食材，為孩子補充了必要的蛋白質和維他命。透過推廣這個結果，僅僅六個月後，當地六五%的兒童營養問題得到了顯而易見的改善，在進一步推廣後，總共兩百六十五個村莊，兩百二十萬村民受益。

所以你看，覆盤改變了百萬人的生活，這足以證明覆盤背後強大的力量。

03 如何透過覆盤實現自律

聽完這兩個例子，你可能會覺得，透過覆盤總結、提煉出來的策略對團隊進步是蠻有效果的，但對個人來說，我們應該怎麼覆盤才能讓其發揮作用呢？

首先我們選定每晚七點五十分作為你的覆盤自省時刻。你可能會很好奇，為什麼要選擇這個時間呢？

因為一天工作通常在七點五十分結束，同時也是屬於自己時間的開始，每天花五到十分鐘覆盤，可以立刻把結論和教訓應用到下一個行動週期。

而且對某些人來說，這個時間點可能正在上下班路上，又或者是吃完晚飯的時間。總之，我們需要的是一個沒有他人打擾的時間。

當然，每個人的情況可能不同，你也可以自己調整實際時間。但是無論挑選哪個時間，請固定下來，並且在你的手機設一個鬧鐘，每天提醒。

你還記得我們講的行動原理模型B＝ATM嗎，這個鬧鐘就是T，Trigger觸發，每天在固定時間，觸發你覆盤的儀式感。

04 覆盤四步走

好了，到了你定好的時間，手機鬧鈴響了，我們就進入了以下幾個步驟。

步驟一：回顧目標。

既然是回顧目標，也就意味著當天至少有一個目標。

這個目標是從昨天而來的。今天執行的是昨天設定的行動目標，明天覆盤的也是今天設定的行動目標。

我們先假設你昨天設定的行動目標，是寫完一篇三千字文章中的第二、第三段，大約一千字。但回顧目標可不僅僅是回顧一下就可以了，我們要分析，比如你的目標是寫一千字，結果你只寫了五百字，那麼完成率就是五〇％；反之如果你寫了一千兩百字，那完成率就是一二〇％。

你可能會說，那如果不是這種可以量化的目標怎麼辦？其實具體任務目標只要拆分得夠細，基本上都可以量化。比如完成多少個仰臥起坐、說服幾個人週末來幫你搬家，又或者是為了考研究所做完多少份模擬考卷，寫幾頁行銷案，甚至是打算買一支股票，但被情緒左右，結果買了另外一支股票等等（當然這樣一來完成率就是〇％），都是可以量化輸出結果的。

同時，如果某個抽象任務實在沒辦法量化，比如對你寫下的一千字做品質評分，那麼一個有效的方法，是憑感覺估計一個品質完成率，比如七〇％，表示你為自己的文章品質打了七分。

這樣一來，昨日目標的完成情況就一目瞭然了。

步驟二：評估策略。

我們說，菩薩畏因，眾生畏果。第一步的目標完成率僅僅是一個結果，導致這個結果好壞的，則是完成任務的過程，所以還需要對過程評分。

我們來舉幾個例子。

比如我們依然拿寫一千字來說，你之所以能順利寫出一千字，是因為早上在捷運上看了一本書，做了筆記，有輸入；還是說身邊曾經發生的事情讓你有所感觸，而且你記錄了下來，這些內容變成了素材。所以，看書輸入或者遇事記錄，就是完成寫出一千字的過程策略。

再如你今天打算買某支股票，但你看到另一支自選股漲勢凶猛，眼看就要漲停了，就追了進去，結果尾盤大跌。這種「臨時變更交易」的做法還是過程策略。

理解了這一點，就可以對過程策略評分了，該評分表示你對過程策略和成果的滿意程度。

這項評分的結果有什麼作用呢？這時就要進入下面的步驟三，反思過程。

步驟三：反思過程。

這是特別重要的步驟。因為有一種深入人心的說法，就是不在意過程，只注重結果。

但真正有格局的領導者會說：對過程苛求，對結果釋懷。

因為單純苛求結果，僅僅盯著某次可能因為好運才達成的結果，往往會帶來噩運。比如用一萬元追漲買了一支股票，結果漲了五％，賺了五百元。但容易讓人形成路徑依賴，就像守株待兔那樣，在下一次行動時選擇同樣的過程策略，比如投入十萬元追高後卻大跌，輸得一敗塗地。

苛求過程，苛求的是成功的機率。

所以在反思過程策略的過程中，我們要著眼在一個策略有其不足下，改進方向是什麼？

同時，除了不足，我們還要看看哪些亮點是值得保留的，這些亮點可能是一種頓悟，一種靈光一閃，又或者是他人的經驗。

比如你以前有靈感時會打開文件檔，把靈感寫下來，但軟體打開的速度很慢，打開後，靈感已經跑掉了。有一次我聽一位知名作家說自己有四個Line帳號，她把自己和自己的另外三個帳號拉一個群組，這樣每次有靈感的時候，任何一支手機在身邊，都可以用語音把靈感迅速傳到這個群組。

步驟四：最佳化行動。

如果說第三步是思考過程，那麼第四步就是實踐思考後的結論。

在第四步總結規律的部分，你有三個最佳化行動計劃的方向，它們分別是：

停止行動：比如買股票追漲的行動要堅決停止。

繼續行動：比如遇到對自己有感觸的事情要記錄下來。

開始行動：比如自己拉一個群組並且置頂，在靈感還在的時候趕緊打開群組，用語音或文字上傳想法。

別看這四個步驟聽起來很複雜，但熟練使用後，每天的自省時刻就會成為像是每天睡前、起床刷牙那樣的習慣，可能不用花費五分鐘就完成一天的覆盤，並且設定好明天的目標任務了。

在這四個過程之中，我沒提到過拖延，為什麼？因為在整個覆盤的過程中，拖延症這個懶惰小人都活不過第一集，它如果出現，在第一步就會被發現，然後被你刻意地去除。

小結

1. 覆盤的好處是幫助你沉澱經驗、萃取知識、解決問題、提高效率，而且體現了「對過程苛求，對結果釋懷」背後的邏輯。
2. 覆盤的四步法：
   步驟一：回顧目標；
   步驟二：評估策略；
   步驟三：反思過程；
   步驟四：最佳化行動。

第六節　第六步：上癮機制

輕鬆構建「良好上癮機制」，不再輸給誘惑！

什麼是上癮機制？
怎樣改掉壞習慣？
如何構建自律上癮機制？

有時候你可能會被一件事情吸引，比如手機遊戲、短影片，結果發現手邊真正重要的工作耽擱了，甚至長時間下來，手上累積的未完成事項越來越多，這個時候該怎麼辦？

01 什麼是「行為上癮」？

曾經有這樣一個思想實驗：

假設你的面前有一個按鈕，按下這個按鈕，你的手機就會收到一則訊息，告訴你，你的銀行帳戶入帳了一百元，然後你一查帳，果真多了一百元；再按一下，你的帳戶又入帳一百元。

如果四下無人，你會不會去按第三下、第四下，甚至更多下？

是的，我們每個人的大腦都是一樣的，按下這個按鈕就入帳一百元，等於獎勵你的大腦，讓你產生愉悅感，而這種愉悅感則會反過來激勵你，讓你不停地按。

這就是上癮的原理。

你會發現，無論是看短影片、玩遊戲、瀏覽朋友的ＩＧ或是追電視劇，這些行為表面上看起來是我們主動的，但本質上，都是我們這個時代越來越優秀的產品經理或者編劇對你設下的一個又一個局，把你的注意力和時間消耗在這些事情上，然後透過廣告的方式盈利，或是透過增加使用他們程式的用戶數或時間，在資本市場獲利。

02 你受到「上癮誘惑」的底層原因是什麼？

理解了讓你上癮的原理，那麼上癮產生作用的機制到底是什麼呢？

簡單來說，上癮產生作用的機制可以分成三個步驟：觸發─行動─大腦獎勵。

觸發，是上癮物和你的接觸點，比如工作日的午餐，當你產生了飢餓感，就形成了觸點，這時你就得放下手上的工作離開位置去吃飯；又或者有些人的飢餓感產生得不明顯，但她的同事會來叫她，那麼這也是一個接觸點。

行動，相對來說很好理解，你們到了一家飯店門口，進去點菜，然後等點好的菜上桌，接著吃飯。

讓人上癮的最後一個環節是大腦獎勵。這個獎勵是能讓人產生愉悅、興奮感的事情。假設你們吃完飯，準備結帳的時候，老闆給你二個骰子，讓你隨便扔一下，如果扔到了二個六就免費。結果幸運女神降臨，你果真扔出了二個六，今天紅燒牛肉麵的一百五十元你一元都不用付，真後悔自己怎麼沒多加一顆蛋，你還暗暗決定，明天還要再來這間店吃飯。

於是，第二天你們果然又到這間店吃飯，而且今天點的菜比昨天還多一點。

顯然，觸發、行動，這都是非常常規的日常事件，但就是因為大腦受到了獎勵，讓你每次接收到類似的觸發時，傾向於重複上次的行動，這就是上癮的機制。

每次你在ＩＧ發文後，好友幫你按讚、回覆也是一種大腦獎勵，激勵你持續發文；刷短影片時，每十五秒就讓你看到一個你喜歡看的內容，給予你的大腦一記獎勵，激勵你去刷新下一個十五秒。這些大腦獎勵，讓你行為上癮，欲罷不能。

03 構建「自律上癮機制」，用「上癮原理」戰勝「上癮誘惑」

現在，你既然理解了上癮原理，又清楚了上癮機制，那要怎樣才能構建一個自律上癮機制，用上癮原理來戰勝誘惑呢？

根據《為什麼我們這樣生活，那樣工作？》（*The Power of Habit*）作者查爾斯．杜希格（Charles Duhigg）的研究，把上癮行為看作一種習慣的話，你是可以用一個好習慣來代替一個壞習慣的。

就杜希格看來，上癮誘惑雖然很頑固，但想要改變其實並不困難，杜希格提出了下面這四個步驟：

第一步，確定觸發特徵。

首先，我們需要搞清楚，通常是什麼樣的情境容易產生上癮行為，比如我的一位前同事，明明對自己的體型不滿意，卻依舊對奶茶上癮，開會之後總想點一杯奶茶。在這裡，開會就是我們所說的觸發特徵。

第二步，釐清何種獎勵。

仍舊以會後點奶茶為例。喝奶茶能帶給她什麼獎勵呢？因為在會上腦力激盪，消耗了大量腦細胞；而且有時主管還會因為不滿意結果而追問。所以每次會後，她都有一種「身體被掏空」的感覺，想喝一點甜的，找回幸福感。所以，吃甜食找回幸福感，正是會後點奶茶給予她大腦的獎勵。

第三步，尋找相同刺激。

既然大腦想要的是這種能帶來幸福感的獎勵，那麼這種獎勵有沒有其他替代方式呢？為了找到替代方案，這位前同事發現，會後吃一支冰淇淋、吃一根台式香腸或是喝一瓶無糖可樂，也會產生相同的幸福感。而在這三種能提供相同刺激的替代方案中，唯有喝一瓶無糖可樂不會攝入額外的卡路里。因此，無糖可樂就是一個好的選擇。

第四步，「相反習慣治療」，也叫新老習慣更替。

既然無糖可樂同樣可以產生類似的大腦獎勵，那麼新的行為，就能替代之前攝入過多卡路里的有害上癮習慣。

這種用新習慣替代老習慣的方法，杜希格稱之為「相反習慣治療」。在使用「相反習慣治療」幾個月後，由於減少了卡路里的攝入，這位前同事的體重和體型都得到了改善，喝奶茶的習慣也被喝無糖可樂的新習慣代替，就這樣徹底治癒有害上癮行為了。

04 用新習慣替換老習慣

再舉個實際的例子，比如你的目標是把刷短影片上癮替換掉，找一個對我們自身發展更有利的事情代替它，可以怎麼做呢？

第一步，確定觸發特徵。記錄我們每次刷短影片都是在什麼情境，有什麼感覺？有些人會在睡前或是覺得無聊時刷短影片；有些人是在搭捷運通勤時靠刷短影片來打發時間。

第二步，釐清何種獎勵。這一步要弄清楚行為背後的根源是什麼，比如有些人看短影片滿足的是審美需求；有些人是為了節省時間，被十分鐘看完一部電影之類的內容吸引。

第三步，尋找相同刺激。每個人的情況都不太一樣，需要用不同的方式測試。比如為了節省時間的人，可以選擇在捷運上聽完一本二十到三十分鐘的說書精華，也能獲得同樣的大腦獎勵。

第四步，新老習慣更替。把對你人生發展有好處的行動記錄下來，去代替老的行為。比如睡前看一會別人的健身照片；通勤時聽一本書，養成今天比昨天更博學一點的習慣。當新老習慣完成交替的時候，你的良好上癮機制就構建完成啦！

小結

1. 上癮的機制：觸發—行動—大腦獎勵。
2. 當你的時間精力被大量娛樂化內容佔據，可以透過「相反習慣治療」四步法：
第一步，確定觸發特徵；
第二步，釐清何種獎勵；
第三步，尋找相同刺激；
第四步，新老習慣更替。
來一步步構建你自己的「良好上癮機制」。

第七節　第七步：ＯＫＲ法

巧用關鍵結果，帶給你迅速完成計劃的動力

什麼是目標與關鍵結果法？
為什麼目標不宜定得太多？
如何透過三個步驟來實踐目標與關鍵結果法，推進年度目標？

學會如何使用階段性的關鍵結果，可以驅動自己一步步完成小目標，最終實現大目標。

01 目標與關鍵結果法

《浪潮之巔》《文明之光》《智能時代》《格局》《態度》等多本暢銷書的作者吳軍，是原騰

訊副總裁、電腦科學家、矽谷投資人。我以前一直很好奇他是如何在工作如此繁忙的情況下，還能騰出時間寫十來本暢銷書，而且還能每年完成一次諸如歐洲遊的長途旅行計劃，還學習了Lightroom等照片後製程式，練習攝影技巧，且能將家中事務打理得很好。

直到我讀了他的《見識》這本書，發現使用目標與關鍵結果法，也就是OKR，可以讓一個人自然而然地自律，還能取得令人側目的成果。

什麼是目標與關鍵結果法？

目標與關鍵結果法，又稱OKR，其全稱是Objectives and Key Results，這是由英特爾創始人安德魯．葛洛夫（Andrew Grove）發明，並由約翰．杜爾（John Doerr）帶入谷歌，後來在Facebook，領英發揚光大，並且在二〇一五年後又傳入百度、華為、字節跳動公司等中國知名企業的高效率方法。

在企業中，OKR為管理階層和員工的效率帶來了躍遷式提升，而今天我主要想和你說的是，要如何將它運用在我們個人身上，讓這套來自矽谷的高效率方法為你所用，實現肉眼可見的進步。

不同於KPI或是簡單的目標管理這些追求結果的方法，OKR更重視過程中你是否達成了階段性成果，因為達成階段性成果能讓人獲得大腦獎勵，而我們在第六步曾說過，大腦獎勵是激勵你投入下一次行動的關鍵要素。

假設現在是新年伊始，我們為自己制訂年度計劃的時候，可以比較下面兩種設定目標的方式，給人帶來的不同驅動力。

第一種方式

目標：參加明年元旦的新年音樂會並演奏《克羅埃西亞狂想曲》；
路徑一：每周上一次鋼琴課，每天練一點鋼琴；
路徑二：每周上一次鋼琴課，每天練一點鋼琴；
路徑三：每周上一次鋼琴課，還是每天練一點鋼琴；
路徑四：每周上一次鋼琴課，依舊是每天練一點鋼琴。

第二種方式

目標：參加明年元旦的新年音樂會並演奏《克羅埃西亞狂想曲》；
關鍵結果1：每周上一次鋼琴課，每天練三十分鐘鋼琴；
關鍵結果2：學會演奏稍微簡單一些的《貝加爾湖畔》；
關鍵結果3：學會稍稍複雜一點的《菊次郎的夏天》；
關鍵結果4：進行一次公開演奏。

你看，第一種方式就是只盯著結果，理論上這種方式的確可以幫你實現最終的結果，但過程中只有機械性的重複練習，沒有階段性的關鍵結果，大腦也得不到獎勵，因此不容易堅持，時間一長就會拖延。而且拖延了一次，就會有下一次。這樣下去，新年音樂會演奏《克羅埃西亞狂想曲》就會變成空想。

第二種方式則有許多階段性成果，成果能讓人有成就感，獲得實質性的大腦獎勵，產生動力，而且有自信去面對下一個挑戰。

正所謂「成功是成功之母」，唯有積小勝，方能獲大勝。

02 三個步驟踐行OKR

你可能會說，既然這個效率工具那麼好用，那麼實際上要怎麼做呢？一個良好的OKR設定主要分為三個步驟。

第一步，設定目標（Objectives）。

這一步相對來說比較簡單。就好比我們每年新年都會為下一年制定年度目標。但是請注意，為了有效達成你的年度目標，一般來說不要定超過三個目標。因為定太多根本不可能達成，更不用說你的關鍵結果，和協助關鍵結果需要付出的行動了。

比如你可以制定：

目標①，今年考上研究所；

目標②，今年開啟斜槓生涯，成為一名心理學知識KOL。

第二步，設定關鍵結果（Key Results）。

一般來說，一個目標會有三到四個關鍵結果作為協助。這裡，關鍵結果設置要注意以下三點：

(1)關鍵結果不要太少，否則這個結果就變成了關鍵目標；關鍵結果也不用太多，否則會太發散而導致行動跟不上。所以三到四個KR是比較合適的。

(2)另外，既然是KR，是關鍵結果，就需要用量化的方式去衡量它。

(3)在制定KR量化指標的時候，不要定太容易實現的，一定要定一個自己需要努力一下才能完成的。因為只有在有挑戰、有壓力的目標下行動，獲得的關鍵結果才能產生大腦獎勵；但同時也注意別定得太脫離實際，否則關鍵結果不容易實現，人也會失去行動動力。

實際上應該怎麼做呢，我們還是針對上面兩個關鍵目標，加上關鍵結果KR來舉例，這兩個目標的關鍵結果可以這樣規劃：

目標①，今年考上研究所；
關鍵結果KR1：報名參加一個研究所補習班；
關鍵結果KR2：保持每月九〇%的補習班出席率；
關鍵結果KR3：補習班模擬考成績保持在前二〇%。

目標②，今年開啟斜槓生涯，成為一名心理學知識KOL；
關鍵結果KR1：開設並經營一個短影音帳號，目標粉絲人數為一萬；
關鍵結果KR2：每週末集中學習一個心理學話題，並拍攝剪輯影片上傳；
關鍵結果KR3：與心理學相關KOL建立連結，或吸引心理學相關KOL合作，實現年度十萬元斜槓收入。

第三步，每周滾動。

每周滾動是什麼意思呢？就是以一周為單位，每週一早上或者每周日結束前，制定詳細的執行計劃，也就是列出需要你實際進行的事，再去執行；

到了週五就可以就本週的執行情況自行檢驗，是變得更有信心了，還是有些沮喪，或是失去信心了，並結合覆盤的方法，為下一周的計劃做好準備，這樣循環往復地執行你的OKR計劃。

為什麼要特別關注自信心呢？這個其實是KR關鍵結果法的核心，隨著你每個階段性結果完成度提高，你的自信心就越來越強，大腦就得到了獎勵，刺激你下一次行動，這樣的正向循環可以幫助你克服拖延問題。

比如關於考研究所的KR，搭配前兩個KR的行動就比較簡單，保持出席就可以了，而最後一個保持前二〇％，則需要多做模擬考題；

第二個目標的增加粉絲數KR，需要搭配研究同類熱門帳號的打法；學習KR時，可以在固定時間練習固定學習輸入輸出；聯繫KR則需要做好很多細節，比如成品內容如何上傳到多個平台，在社群上關注熱門帳號，並設法與之產生連結等。

臨近週末，則要檢視一周行動的完成情況，然後問自己，經過本週的行動，KR完成的自信程度，有沒有因為事情進展順利而提高或下降。

此時再結合我們前文中覆盤部分的內容，你就知道哪些行動可以保留，哪些行動效率較低，需要迭代了。

03 個人OKR示例

為了給你一個更直觀的感受，我來做一次示範，為你展示一下我自己某一年的OKR計劃。

(1)**成為具有影響力的行為設計教練**

KR1：每週輸出兩篇三千字篇幅的行為設計心理學文章，讓更多人理解行為設計心理學（完成度〇・七）。

KR2：每月整理文章，將文章中的知識點組合成能讓他人迅速學習並應用的知識結晶（完成度〇・八）。

KR3：出版一本著作（完成度一・〇）。

(2)**不斷提升自身專業能力建設**

KR1：閱讀全球行為設計心理學相關書籍（每月一到兩本）（完成度〇・六）。

KR2：每月探索行為設計心理學在談判說服、親子教育、個人發展領域的應用，並整理成知識結晶（完成度〇・六）。

KR3：完成二到三個行為設計心理學在談判說服、親子育兒和拖延症方面的書籍選題。

特別需要說明的是，由於你為自己定的關鍵結果，是必須付出一定努力才能達成的，也就意味著你不需要完全達成關鍵結果，正所謂「法乎其上得乎其中，法乎其中得乎其下」。我們發了一個上願，得到中等的結果就滿足了，當然如果幸運地得到了超出期待的結果，那麼我們心存感恩就可以了。

小結

目標與關鍵結果法OKR這個來自矽谷的目標追蹤方法，總共分為三步：

第一步，設定目標O。注意，別超過三個。

第二步，設定關鍵結果KR。KR是O的支撐，也是三到四個就夠了；同時還需要注意你的初始自信度，有五成把握實現是最合適的。

第三步，每周滾動。週一制定詳細的執行行動，週五檢驗行動過後的自信度，並結合覆盤，為下一週的計劃做好準備。

第八節　第八步：解題步驟

四步法一次把事情做到位，不再因「畏難」拖延

為什麼解題方法是一種需要掌握的核心能力？
什麼是解題思維WOOP四步法？
如何使用WOOP四步法？

在本節，你將學會使用一種思維心理學，一次把事情做到位，不再因「畏難」拖延。

01 解題

如果你看過二〇一九年的好評韓國電視劇《金牌救援》，一定會對劇中一個場景記憶猶新：

男主接手排名墊底的棒球隊，並決心要讓球隊奪冠，但他做的第一件事居然是要把隊中的明星球員賣掉，這個行動招致了所有人的不解和不滿。會議時，男主預料到了大家的反應，於是透過三個事實反轉了團隊所有人的看法，他是怎麼做到的呢？

第一，目前球隊最大的劣勢不是負責進攻的打者，而是負責防禦的投手，賣掉這位球員可以從其他球隊換來另一位明星投手；

第二，這位明星球員個人能力很強，但性格不好，把團隊氛圍搞得烏煙瘴氣，送走他有利於提升團隊氛圍；

第三，從歷史數據來看，該球員秋季表現驚人，但其他季節表現相對一般，而今年秋季已經過去了。

說完這番話，所有人都不再反對了，這個看似很艱難的溝通大會，就這樣順利進行下去了。而男主角在這場溝通大會中所使用的能力，正是我們今天要講的一種核心能力：解題。

解題，顧名思義，就是把一個困難題目解開的過程。

但解題通常面對的是一件略顯複雜的困境，它並不容易，尤其是當你沒有章法胡亂出招，就更得不到好結果。

在真實世界中，人們會畏懼困境，很多人也就缺乏解題的勇氣，在面對某個難題時，會產生畏難情緒，繼而不然拖延，陷入行動困境；不然就是走老路，無法改變。

比如一些同學工作不順心，同時看到短影片是個機會，嘗試上傳了幾支影片，發現沒多少觀看數，然後就沒有然後了。

又比方說有些人一直說要減肥，但每次旁邊的人問要不要喝奶茶、吃甜點，就又控制不住自己了。類似的還有戒煙、戒酒、保持運動等。

好了，說到這裡，你一定很想知道，到底該怎麼辦呢？

02 WOOP思維

這個解決方案的名字叫作WOOP思維，它一共分為四步：

第一步W：W是wish，也就是你的願望，這個願望要在一定的時限內達成，比如你想今晚就實踐學到的東西，學以致用；

第二步O：這個O是Outcome，是你的現狀，比如你聽了那麼多道理，但仍舊無法付諸行動；

第三步O：第二個O是Obstacle，是障礙，是你實踐的路上有什麼東西阻礙了你；

第四步P：是計劃，Plan，是你詳細思考了這個問題後，找到的解法，就算阻礙在你眼前出現，你也可以按照計劃，三兩下就解決這個阻礙。

這樣說有點抽象，我們還是用《金牌救援》的案例來幫助你理解。

第一步願望W：《金牌救援》的主角希望能把墊底的球隊訓練成奪冠隊伍；

第二步現狀O：目前隊伍之中，只有一位明星打者可圈可點，所以在願望和現狀之間，有著巨大的鴻溝。

第三步障礙O：這個鴻溝促使主角去分析球隊的歷史數據，這次分析讓他找到球隊變強的障礙：缺少優秀投手；

第四步計劃P：因此他需要啟動一個引進優秀投手的計劃，這個計劃包括將明星打者賣掉來換一名明星投手。一旦找到優秀投手，就能提升團隊水準。

好了，到這裡為止第一輪WOOP循環結束，緊接著就是第二輪WOOP循環。

第一步願望W：說服團隊成員同意自己賣掉明星打者；

第二步現狀O：現狀當然是團隊成員不同意。你可能會問，不能硬來嗎？硬來不是不可以，但如果團隊無法理解主帥的策略，上下不統一，怎麼發揮出所有人的主觀能動性，讓大家同心協力，從而奪冠呢？

第三步障礙O：需要找到說服團隊同意賣出明星打者的理由，於是主角不得不充分分析歷史數據和球員歷史。

第四步計劃P：找到前面我們說的三個事實，在團隊會議上，一旦有人提出反對意見，就立刻講出這三大事實，說服所有人。

這裡請特別注意，第四步P的部分，一旦……就立刻……是WOOP思維的精髓，這是一次把事情做到位，不再因畏難情緒拖延的關鍵。

03 一旦……立刻就

為了讓你瞭解「一旦……立刻就」策略，我再舉兩個更簡單的例子。

第一個例子是關於戒煙、減肥的，我覺得這個案例很有代表性，而且也很容易運用在其他地方。就讓我們一起使用WOOP流程實際演練一遍。

第一步，W希望：你希望成功戒煙或者減肥；

第二步，O現狀：你戒煙或減肥總是失敗，因為戒煙、減肥期間，有人遞上一根煙或問你要不要喝奶茶，你一開始會拒絕，但其他人總是進一步慫恿，還是沒能忍住抽上一根或是喝了一杯。

第三步，O障礙：這種情境中似乎總存在著一個兩難選擇，一面是自己的目標和希望，另一面則是和大家的人際關係，兩者必須選其一，現實讓你總是屈從於人際壓力。那要怎樣才能突破人際壓力的障礙呢？

第四步，P計劃：每次說「我正在戒煙」或者「我正在減肥」時，別人就會慫恿說偶爾抽一根或喝一杯沒關係的。但說的是「我不抽煙」或者「我不喝奶茶」，就沒人會來慫恿你了。所以，你決定下次一旦有人遞煙、問你要不要喝奶茶，你立刻就說：我不抽煙或是我不喝奶茶。

這裡我要特別說一句，類似情境也屬於我們之前反覆強調的行動模型中B＝ATM中的T，**trigger**，觸發，而且這個T還不是單一事件，由於周遭有不只一個人，所以T總會出現。

透過觀察，你發現直接說「我不抽煙」或者「我不喝奶茶」能大大降低T出現的頻率，這就成了你設法解開這道題目的策略。

第二個例子，是如何把我們這本書裡頭的自律策略內化成你的本領，讓一切不僅僅是看看而已，我們不只要做知識的「觀光客」，而是真正的從學會到理解，從理解到實踐。那麼下面這個根據WOOP思維形成的行動策略，就可能會很有效。

第一步，W希望：將自律策略內化成自己的本領，從此不再拖延，或者至少少犯拖延；

第二步，O現狀：每天看看相關內容而已，並沒有實踐，又或者聽著聽著後來就不聽了；

第三步，O障礙：總是忘記聽或實踐，等到想起來的時候，情況也不合適了；

第四步，P計劃：每天定個小鬧鐘，定在自己時間比較方便的時候，比如每天中午十二點三十分吃完午飯時，一旦鬧鐘響起，就立刻打開電子書，讀一下，並將其中提到的策略變成自己的行動。

優秀是一種習慣，但養成習慣的路上總會遇到困難，這時WOOP思維就能幫助你事先準備好應對策略。一旦遇到困難，就立刻拋出準備好的策略去對付它，讓你不再因畏難情緒而拖延，又因做不到成為更好的自己而走上老路。

小結

1. WOOP思維法是一種解題範式，它能幫助你克服因「困難」造成的拖延。
2. WOOP思維實施起來一共分為四步：

第一步，W希望，把你希望達到的境地想清楚、想明白；

第二步，O現狀，把你目前的情況分析透徹，找到希望和現狀之間的差距；

第三步，O障礙，找到從現狀到達實現希望的路上，到底存在什麼障礙；

第四步，P計劃，根據障礙提前設計好策略，一旦障礙出現，立刻就使出策略，一次把事情做到位。

第九節 第九步：複利思維

總做無用功，導致更想拖延？跳出低效率勤奮的怪圈

什麼是增強飛輪？
增強飛輪對你個人有什麼作用？
怎樣打造你的增強飛輪來實現複利效應？

本節是我們「法」的階段最後一步，複利思維，我會讓你從沒有成就感導致的拖延中掙脫出來，跳出低效率勤奮的怪圈。

01 增強飛輪

不知道你是不是也常有這樣一種焦慮，總覺得任何技能或職位發展到一定水準後，必然會陷入瓶頸，這時候，每天都在重覆相同的勞作，總是在玻璃天花板下做無用功。

有一句振聾發聵的話：「不要用戰術上的勤奮，來掩蓋戰略上的懶惰。」這種「知道自己不行」的感受會帶來深深的無力感，讓人沒有前進的動力。

那麼，到底要怎樣才能跳出低效率勤奮的怪圈呢？這就要用到本節要講的增強飛輪。什麼是增強飛輪？我舉個例子好讓你容易理解：

你一定聽過亞馬遜這間公司吧，假如你在二〇〇一年九月買進了一萬元亞馬遜的股票，放到今天你猜猜會變成多少錢？答案是四百五十萬元。

亞馬遜用不到二十年的時間實現了成長四百五十倍，它究竟是怎麼做到的呢？

亞馬遜推出的prime會員，收費不低，約為一百二十九美元一年，但所有成為prime會員的用戶不僅可以在很多低彈性需求消費品，比如柴米油鹽這類產品上獲得令人心動的折扣價，而且免運費，甚至還會提供會員許多免費的影音內容。

這些福利一方面讓prime會員可以很快從產品折扣中賺回之前支付的一百二十九美元會員費；另一方面，prime會員獲得了好處，所以消費者之間口耳相傳，會員人數越來越多，而越來越多的用戶數，就給了亞馬遜足夠的籌碼和供應商談判，又能獲得更低的折扣。

這就是一個由「因」增強了「果」，同時「果」又不斷增強「因」的增強飛輪。這麼說可能有點拗口，但到底什麼是增強飛輪，其實很好理解，請你想像一下飛輪的形狀，是一圈一圈循環，並且不斷滾動向前的。那麼增強飛輪同理，其實就是讓一個事物的多重關鍵要素彼此互相影響，從而達到不斷增強的效果。

亞馬遜的增強飛輪主要由三個要素組成：

(1)prime會員可以獲得吸引人的折扣和福利，促使prime會員人數激增；

(2)人數激增後的prime會員讓亞馬遜獲得更強的議價能力，會促使供應商願意低價供貨給亞馬遜，提供更多福利；

(3)這就有了更低的折扣和福利，會促使prime會員的吸引力越來越強。

到今天為止，prime會員的飛輪模式已經為亞馬遜累積了超過一億的全球付費會員，單看會員收入，亞馬遜每年就能進帳一百億美元以上。

亞馬遜旗下類似的增強飛輪還有兩個，一個叫Marketplace平台，另一個則是亞馬遜雲端運算服務（Amazon Web Services，簡稱ＡＷＳ）平台，這是兩個具有類似效果的增強飛輪，由於篇幅限制，就不展開敘述了。

正是這三個增強飛輪，亞馬遜才得以在一條長長的斜坡上，把一個一開始很小的雪球越滾越大。亞馬遜創始人傑夫．貝佐斯（Jeff Bezos）於二〇一八年三月六日登上世界首富的位置。

你看，每一次的增強，雖然可能微乎其微，但它都在讓增強飛輪越轉越快。這就像那個公式，一．〇一的三百六十五次方為三十七．八倍，而如果按照一％的速率增長，相對亞馬遜股價四百五十倍的成長來看，這個飛輪已經轉動了六百一十四次，即一．〇一的六百一十四次方，約等於四百五十倍。

你可能會問，亞馬遜的確是挺了不起的，可是這間公司遠在美國，我連買他在美國上市的股票都很難，和我又有什麼關係呢？事實上，亞馬遜這種運用多重關鍵要素彼此增強的方法而產生的複利效應，十分值得我們借鑑。

就用我自己來舉例好了，對我來說，我的增長飛輪也有三個關鍵要素：

(1)持續寫出好的內容能擴大影響力，讓更多人知道我；
(2)更多人知道我，能讓有實力的廠商主動與我接洽，打造出更好的作品；
(3)有實力的廠商與我接洽，打造出更好作品的過程本身，我也能進一步提升能力，寫出更好的作品。

同樣地，雖然每一次的增強都微乎其微，甚至不到一%，但就這麼一輪一輪地轉動，這個增強飛輪也一定會越飛越快，在十年、二十年的時間裡，呈現複利式的指數成長。

02 如何打造你的增強飛輪來實現複利效應

好了，說完亞馬遜，我們再來談談你。

你看，在第二章的八節內容裡，你學習了八個提升自我的步驟。如果你已經依據這些內容進行了思考和實踐，透過前面這八個步驟的修煉，你應該已經在完成「人生使命」的路上了，甚至可能已經產出了一些成果，那麼，從本節起，你就可以開始設法構建自己的增強飛輪了。

實際上要怎麼做呢？分為三步。

第一步，啟動飛輪，增強自我效能。

如何啟動呢？你可以實踐一遍第一步到第八步的內容，完成一件件你以前覺得自己不可能做到的事情。

比如我曾有一位同事麥克，大學剛畢業時一直沒有找到工作，非常焦慮，後來透過親戚的人脈，進入了我所在的傳統製造業公司，成為一名生產工程師。

生產工程師通常要面對幾十名生產工人，由於不擅長與人打交道，他非常不喜歡自己的工作。在我的建議下，他整理自己的想法，找到了自己的人生使命：也就是用編寫程式為身邊的人創造價值。至此，麥克已經完成了第一步，找到自己的人生使命。

於是，麥克開始了第二步，SAFFF循環，他先用最簡單的Excel公式和SQL語言，為生產線上的工人們寫了一個實用的報表，這張報表可以做到每十五分鐘自動更新，獲取機器設備狀態資訊，免去了工人們要開多張報表來回查看的麻煩。而且經過多次調整，成為全廠工人每天必用的報表。

為了給自己動力，他用第三步的方式，公開承諾利用工作之餘的時間，在三個月內完成一份生產計劃追蹤系統，這讓他在製作系統的過程中程式撰寫水準大幅提升。而且意料之外又在情理之中的是，電腦整合製造（Computer Integrated Manufacturing，CIM）的老大看到這個略顯粗糙但執行順暢的系統後，和他的直接主管要走了這個人才，於是，他從一個生產工程師轉部門成為一名CIM工程師。

上任CIM職位後，不僅面對的問題更複雜，來自各部門的產品需求也讓麥克感覺壓力很大，這個時候，第四步控制就變得格外管用。因為只有透過慢思考，把需求整理清楚，把複雜的行動步驟一步步寫下來，列清單、做整理、排時間，才能每件事情都與業務部門接上，自己也能在此過程中有節奏地成長。

具體實踐細節雖然折騰，但麥克利用第五步覆盤中「回顧目標，評估策略，反思過程，優化行動」的範式，在他的雲端筆記中記下超過九百條思考和感悟，並把這些反思運用在後面的工作中，讓他所負責的計畫保持著五％以下的錯誤率。

由於真正用程式撰寫技術為工廠的工人、工程師、經理、總監們創造了價值，節省了溝通成本，更直觀地回饋關鍵數據，麥克經常獲得每月、每季之星的獎項，這些物質上的鼓勵和精神上的成就感，讓他進入了第六步階段中「觸發─行動─大腦獎勵」的循環，讓一個個實用的小產品從他的手上不斷地編寫出來，供各業務部門使用。

同時，麥克還在進行他的斜槓計劃，所以像第七步中所說的那樣，有一年，他為自己定下了在本年內開發完成一個失物招領社群帳號的目標，實際設定過程我就不贅述了。

現在，這個帶有一定產品屬性的社群帳號已經上線了，到目前為止已經有上萬人使用他這個帳號的服務。當然，過程中也存在諸多障礙，但這些障礙也被麥克使用第八步的方法解決了，他運用WOOP思維，每周推進這個工作之外的小計畫，周拱一卒。

希望他可以幫助更多的人，讓他們都能找回自己不小心遺失的物品。

你看，麥克從一個不喜歡本職工作的職場小白，到後來一點點累積小成就，再到成功轉部門，又到後來開啟了自己的副業，這種一步步獲得成功的感覺在心理學上被稱為「自我效能」，心理學家亞伯特・班度拉（Albert Bandura）把它定義為：人們對自身完成某項行為的能力的自信程度。

當你也能在認清人生使命後走一遍這個過程，擁有自我效能，你也就邁出了啟動飛輪的第一步。

第二步，持續行動，並等待回饋。

麥克能走出這條路，離不開在一個個程式撰寫計畫中的實踐經驗，且在過程中不斷獲得主管、同事和用戶的積極回饋。

我再拿自己舉個例子，一開始我寫作時不知道會收到出版社邀請，出書立著。但正是因為不斷地寫，在點閱數上獲得回饋，也在朋友們的回覆中收到回饋，這些鼓勵與回饋讓我獲得大腦獎勵，給我動力，保持輸出。

直到有一天，有人加我好友，說要出版我寫的書。一開始我還以為是騙子，直到對方寄來了出版合約，我才明白這是一次真實的合作。之後我們開始研討大綱、調整稿件、修改內容，很快就定了稿，並進入印刷與出版的流程。

我還清楚記得我的第一本書在網路書店上架的時候，我在捷運車廂裡截圖並上傳到我的帳號，超過一百個親朋好友按了讚，那個瞬間，我感覺自己十分幸福。

再到後來，我的第二本、第三本、第四本、第五本、第六本書陸續出版，其中銷量較好的破十萬冊，也有書在網路書店管理新書榜斬獲第一。

再然後，就又有了今天和你對話的這本書。

第三步，用回饋的力量，為行動注入動力，形成不斷創造複利價值的增強飛輪。

不論是亞馬遜平台以更物美價廉的商品獲得更多的用戶、用更多的用戶掌控更強的議價能力，以獲得更有競爭力的折扣；還是麥克在獲得積極回饋後不斷更新產品，獲得更強的產品技術能力；又或者我自己，用寫作的內容能力獲得更大的影響力，用更強的影響力獲得更多合作機會，在合作機會中精進內容。

如果你也走了這一步，你的飛輪也會慢慢開始轉動起來，就像我們前面反覆強調的行動原理模型：B＝ATM，A是能力，你的能力在慢慢累積；T是觸發，每天一到固定時間就是一次觸發；然後是M，動機、動力。正是有無數人對你的行動進行回饋，你也擁有無窮動力，這份動力將會充滿你整個胸膛，讓你在你的人生使命和增強飛輪上保持前進。

是的，你的飛輪馬上就要開始啟動了！你的複利也正在開始累積！

小結

1. 你認識了增強飛輪，知道應該構建一個能讓因不斷增強果，果又能層層累積，最後倒過來增強因的正向循環飛輪。
2. 為了建構這個飛輪，你需要分三步走：
第一步，你可以將前面八個步驟的內容走一遍，完成一件你以前覺得自己不可能做到的事情，去啟動你的自我效能；
第二步，持續行動，並等待回饋；
第三步，用不斷回饋的力量，為行動注入無窮的動力。

第三章

器：自律上癮的工具

第一節 「平行時空」

怎樣做才能把一天的時間變成二十七小時？

從本節開始，我會用五節的篇幅，來幫助你解決效率問題。為什麼一天明明只有二十四小時，有些人卻能活得像有二十七小時？什麼類型的應用程式分別適合路上、車上、床上使用？

下面我們就正式進入內容：讓你一天的時間變成二十七小時的三類「工具」。

你可能會覺得很奇怪，每個人的一天不都只有二十四小時嗎，怎麼變成二十七小時呢？這是因為我們一天二十四小時中有許多零碎時間，如果不利用這些時間，它們就白白流走了。而在這些零碎時間中，存在所謂的「三上」，也就是「路上、車上、床上」的時間，這些時間累積起來，大約三小時。而我們可以透過三類工具，有效利用這些時間。

怎麼利用呢？

01 電子書

第一，是電子書，它適合在路上用。

如果你生活在中大型城市，搭乘捷運的頻率可能很高，捷運行駛平穩，而且通勤的時間又比較長，所以非常適合成為你知識輸入的場所。

以前我會在包包裡背一本實體書，但實體書實在是又大又笨重，而現在手機端的電子書則是通勤路上很好的伴侶，能夠提升我們使用時間的效率。

電子書有許多不同的類型，我自己通常比較看重幾種功能。

首先是可以看到你的朋友在讀什麼書的互動功能。

我們知道行為原理模型B＝ATM，看到朋友在讀什麼書就是T，觸發，它能讓你對某位朋友正在閱讀的一本書產生興趣，然後也開始去閱讀它。

第二，是全文檢索的功能，這意味著只要你輸入關鍵詞，就能在許多本書的內容裡——請注意，不是標題，而是內容裡，找到相關的上下文。這對於瞭解某個陌生的概念非常有幫助。

比如我想查詢「認知模型」，你只要在搜索框裡查詢檢索，讀書程式就能把任何內容裡頭有「認知模型」的書推送給你，點進去後，馬上就能看到這個關鍵詞的上下文。這意味著，你可以把整個電子書應用程式當作你的圖書館來使用。

第三，是互動功能。在電子書中能看到自己本週的閱讀時間排名，好友還可以來幫你按讚，讓你收穫知識的同時，還能收穫來自親朋好友對於你努力閱讀的讚許，讓你的大腦分泌多巴胺，激勵你去閱讀更多的電子書。

有的電子書不像其他程式，在尚未購入電子書時只能閱讀開頭的一〇%，而是可以閱讀這本書裡任意部分的一〇%，這對你評判一本書值不值得購買很有幫助。

02 音檔、Podcast

音檔、Podcast也適合在路上聽，但比起電子書，更可以在開車等不方便分心的時候使用。因為音檔是一種伴隨性的媒體，開車的時候或是坐在搖搖晃晃的公車裡的時候，音檔可以解放你的雙手和眼睛，讓你在車裡的時間也變成學習時間。在「車上」這個情境，我向你推薦三類音檔程式。

第一類程式是綜合類音檔程式，內容包羅萬象，想聽什麼都有。我自己最常聽一些歷史故事、商業財經類的內容和有聲書。還可以在這類程式裡頭找一些國學大師講解的著名歷史人物故事，可以開闊視野，增加社交貨幣。

商業財經類的內容則能幫你把握當前的經濟動態，會為你介紹哪些行業值得你去投資，這個世界當下的格局正在發生什麼樣的變化，會對你產生什麼樣的影響。

有聲書則是我自己非常喜歡的部分，因為電子書主播會隻字不落並且抑揚頓挫、感情豐富地把一本書念給你聽，感覺像是有一個小書僮在你左右為你提供知識服務。

另一類程式是一些用音檔解讀圖書內容的平台，也是我經常使用的一類程式，它可以幫你養成閱讀習慣。這種平台會用有溫度的表達方式幫你解讀市面上的新書，有時還會有一種以這本書為主題和朋友聊天的感覺。主持人往往也會在講解新書的時候加入一些以往讀過的書的內容，幫助你融會貫通地理解。

有時，這類平台還有積分商城，你可以透過登錄簽到、分享連結、邀請朋友等方式獲得積分，從動力機制上激勵你分享學習到的內容，幫助你進一步鞏固你使用音檔聽到的知識。

透過這種方式大概瞭解一本書後，就可以選擇你想進一步詳細瞭解的書，而那些聽起來相對印象不深的就可以忽略了，這也能為你節省大量挑書或者看完才知道不值得看這本書的時間。

這樣的讀書節目一集為四十五到六十分鐘，我自己通常會在上下班途中聽完一本，然後去買特別感興趣的那本，熟讀並內化。

最後一類程式較為小眾，適合知識分子或者可說是文化愛好者的樂園。

舉個例子，如有人稱「道長」的梁文道策劃的一款程式，其中的主講嘉賓包含陳丹青、竇文濤、許子東等文化界名人。

梁文道有一句話，原文是：「每天用多長時間幫你讀完一本書，省下你的讀書時間，只給你乾貨，坦白講，這些都是我完全不能接受的事情。事實上，沒有東西是多餘的，一本書如果只有乾貨，讀者根本消化不了，你也沒辦法瞭解所謂乾貨在整本書中的分量。」所以，這類程式很適合想要深入瞭解「知識背後的知識」的用戶，其中也有解讀西方美術史或是介紹文藝復興史的節目，可以讓你在廚房做飯的同時，享受烹飪美食和攝入知識的雙重精神愉悅。

03 演講影片程式

第三類演講影片，我認為適合睡前看。

每天睡前，我會在床上花十五到二十分鐘看一段演講。

看一些精英人士的演講，尤其是來自世界各地精英人士的演講，不僅能在每天睡前擴大自己的知識邊疆，最重要的是可以讓你帶著一定的獲得感結束這一天。

我最常聽的有TED、可汗學院以及其他諸多膾炙人口的演講內容。

TED演講包括自我成長、領導力、心理學、科技、藝術設計、探索自然、健康醫學等類型，如果你想在某一領域持續深耕，那麼可以選擇一個領域深度學習；如果你還沒確立自己未來的發展方向，可以先廣泛關注，日積月累地攝取知識，也會讓自己越來越博學。

比如我自己最喜歡的，是其中的心理學和藝術設計這兩個分類，前者經常能給我一些尖端心理領域的洞察，後者則有更多全球化的內容，比如「一頭豬的全球化旅程」「世界上正在消失部落的美麗肖像」等，總能讓我看到突破原本認知邊界以外的世界。

而且TED演講有一個特點，時長一般都在十八分鐘左右，這個時長既不會讓人覺得過於冗長，注意力無法集中；也不會因為太短而造成一些內容說不清楚。

可汗學院公開課主要由一些微課程組成，它的內容相對系統性和結構化，雖然裡面的微課程規劃有點偏學術，比如統計學、藝術史、邏輯推理，但由於你現在已經沒有升學考試的壓力，純粹以興趣的角度學習這些對你來說「無用的學術」，花費十分鐘左右的時間，讓自己擁有一個「有趣的靈魂」，也是把自己變得更好的一種選擇。

你看，睡前看一段演講影片，是不是這一天的結尾也很有意義了呢？

小結

1. 每個人都可以選擇充分利用自己的零碎時間。乘坐大眾交通工具時、開車時、躺在床上時，你可以透過我推薦的電子書、音檔、Podcast程式、演講影片程式來有針對性地提升自己某個方面。
2. 一萬小時刻意練習，可以讓一個人成為世界級的匠人；而一百小時某一垂直領域的學習，無論是讀書、聽歷史故事、商業財經，還是TED、可汗學院，都能讓你在某個領域的知識累積超越身邊九〇%的人。
3. 你現在可能賺不了大錢，但是你一定要讓自己越來越值錢；你可以現在不博學有趣，但是你一定要讓自己越來越博學有趣。讓這些成為你的習慣，讓自己高效率利用時間，成為越來越值錢、越來越博學有趣的人。

第二節　提醒利器

三種工具提醒你自律，讓你想「拖」都難

為什麼你需要使用鬧鐘工具？
實踐TDL的三部曲是什麼？
為什麼用沙漏配合番茄鐘效果更好？

本節，我再向你推薦三種提醒你自律的工具。

01 鬧鐘

第一種工具是鬧鐘。

我們在本節中會一直強調一個公式：B＝ATM，也就是一個行為，由能力和觸發、動機三個要素組成。而鬧鐘主要扮演的就是觸發的角色。

你可以問一下自己，有多少重要但不緊急的事情，本來明明安排好在週末去做，但由於忘記，結果並沒有做。

所以，如果還沒有養成在固定時間做某件特定事情的習慣，你可以先在一週內的任何時間幫自己設一個鬧鐘。舉個例子，比如我在捷運上看電子書，發現一個案例和我研究的行為設計學內容非常契合，想要做更深層的探索，然後我會想到今晚九點半到家後有半小時的空檔，可以做這件事，我就會在手機設定一個晚上九點半會響的鬧鐘，提醒自己做這件事。

當然，你可能會說，如果每件事情都要設鬧鐘，那一天要設多少鬧鐘？

是的，所以如果這件事不需要投入太多的精力，但又不適合現在馬上去做，你要怎樣才能達成？答案是你可以在像是微信等程式自己上傳一則關於這件事的訊息，然後長按這條訊息，微信會彈出一個對話框，對話框中間有一個「提醒」按鈕，然後系統會讓你選擇時間，是今天的一小時後、兩小時後，還是明天、後天甚至十天內的任何一個時間點。

當你做好了這項設定，到了這個時間點，微信的服務功能就會彈出這條訊息，讓你去做這件事。

另外，如果你認真學習甚至多次複習我們第一步到第九步的內容，鬧鐘工具在我們第五步的內容，也曾有它自己的作用，那就是設定每晚七點五十分為你的覆盤自省時刻。這樣的設定能讓你前一刻還在通勤的路上聽音檔，時間一到，鬧鐘一提醒，就能瞬間進入覆盤狀態，把今天的得失寫下來，還可以記錄剛才音檔內容給予你的知識養分。

一旦你養成了這種每天固定時間觸發—行動—記錄反省覆盤的習慣，一定會比這個世界上九〇%的人活得更認真，也會比他們更快進步，更有效率。

02 TDL工具

第二種工具是TDL。

TDL是To Do List的縮寫，也就是待辦清單，也有人把它戲稱為「土豆累死了」，它是一種行動清單。

你可能聽過、看過甚至用過TDL，但真正把它實踐到底的人少之又少，或是有些人在工作場合會用，發現它的效率真的很高，但下班回家就封存起來了。

要想真正用好TDL，首先你要理解TDL能帶來的好處。在我看來，TDL至少有兩大好處：

第一，忙而不亂。因為人類的大腦是中央處理器，但很多人卻把它用成了硬碟。當一個普通人只有一到三件待辦事項的時候，大腦還能記得住。但腦科學的研究顯示，這個數字一旦超過了三，諸如「恐慌」「擔心忘記」「難以招架」這類情緒就會產生。因為又要讓大腦運行，又要讓大腦記住要做的事，這就相當於同時開了兩個大型程式讓電腦去跑，效率當然會低。

但如果你使用了TDL，你會很安心地知道自己不會遺忘重要的事情，因為你的TDL會在之後的任何時間提醒你。在這種情況下，自然就能全心全意投入當下正在處理的事項，這樣不需要來回切換做事，當然可以忙而不亂，做事效率也高。

第二，避免焦慮。沒有TDL時，很可能遺忘和錯過一些事，而人的內心又是追求自洽的，所以當你遺忘或錯過重要的事，或是答應別人完成的事無法完成，內心就會產生焦慮，它們會侵蝕我們前面說過的自我效能，會讓你降低對自己的評價。

自我評價降低後會發生什麼事呢？是的，你會在自己都意識不到的情況下逐漸變得保守，而保守會讓你錯過很多機會。但TDL可以讓你進入接受任務—完成任務—接受更多挑戰—完成更多挑戰的增強飛輪；沒有TDL則有可能進入接受任務—忘記任務—任務失敗—不敢接受更多挑戰—錯失機會的負向飛輪。TDL是不是很重要呢？

但實際上要怎麼做呢？

事實上，實踐TDL一點都不難，它是一個收集、排程、執行的三部曲。

第一步，收集。你可以用筆寫在本子上，或者使用清單類程式，把所有要做的事情都收集起來。

第二步，排程。根據經典的時間管理方式，把事情按照緊急與否、重要與否兩個面向，重要緊急的事情優先，不重要不緊急的推後，排出一個順序。

第三步，執行。這時候執行起來就可以心無旁騖了，你只要根據你第二步的排程，一步一步執行這些任務就可以了。

除此之外，TDL最大的魅力，是在每次做完一件事情之後打勾標記完成的那一瞬間，你的大腦會獲得獎勵，就像我們曾經在第六步說過的另一個公式：觸發—行動—大腦獎勵。TDL可以讓你行為上癮，而且還是一種好的上癮。

你會發現這種好的上癮，能讓你用越來越高效率的方式完成事情，讓你在「有策略地成為更好的自己」這條路上一路狂奔。

03 番茄鐘工具

第三種工具是番茄鐘。

番茄鐘這種工具出自瑞典作家史蒂夫・諾特伯格（Staffan Nöteberg）的著作《番茄工作法圖解》（*Pomodoro Technique Illustrated: The Easy Way to Do More in Less Time*）。這種工作法最核心的作用，是能幫助你解決注意力無法集中，和拖延症兩大問題。

番茄工作法的要素是番茄鐘，所謂番茄鐘，就是把第二種工具TDL中列出的每項工作所需時間，切割成三十分鐘一個時間段的小塊，其中前二十五分鐘專注執行清單上的任務，後五分鐘則用來徹底休息。這樣一個由二十五分鐘的專注時間，加上五分鐘休息時間所組成的三十分鐘，就稱之為一個番茄鐘週期。

番茄鐘的方法之所以奏效，一共有三個原因：

首先，二十五分鐘的全心投入符合腦科學，很容易做到全神貫注。

其次，工作時的二十五分鐘，我們主要使用左腦；而休息時的五分鐘，則是右腦相對活躍的時間，這樣一張一弛的工作法，不僅科學，而且有效。

最後，當你多次使用番茄鐘工作法後，大腦會逐漸適應這種充滿儀式感的方法，並養成習慣。

番茄工作法的具體流程並不複雜，可分為五個步驟：

第一步，計劃。這一步我們已經透過TDL完成了。

第二步，執行。也就是執行二十五分鐘加五分鐘的組合。

工作的二十五分鐘，有兩種情況可能會打斷你，一種是自發的，比如突然想上廁所，突然想吃點東西，突然想打開手機看看有沒有新訊息，又或者腦子裡冒出一個絕佳主意，想要馬上去做。應對這種突如其來想法的對策，是記錄下來，稍候再做。

還有一種打斷來自外部，比如同事突然找你、電話忽然響了、老闆叫你去開會等等。除了主管召喚這種你不得不停下手頭工作去應對的事情外，前兩種情況，如果事情並非十萬火急，你都可以告訴他們稍候再解決，把這件事情記下來，然後重新回到工作的二十五分鐘之中。

那麼五分鐘的放鬆時間，你又能做些什麼呢？最好的方法是站起來走動走動，或者倒杯水，和不忙的同事聊一聊，條件允許的話，能夠做一段冥想就再好不過了。

第三步，記錄。記錄是一種回饋，你可以記錄二十五分鐘的過程中你被打斷了幾次，是什麼原因。當然你也可以記錄完成番茄鐘的次數，甚至如果你在執行階段做得很好，大腦同樣會把它當作一種獎勵，完成番茄鐘的成就感同樣也會讓你愛上這個工具。

第四步，處理。處理的內容自然是你記下的訊息，無論是答應「等下去找他」的同事，或是你二十五分鐘階段裡的「靈光一閃」。不少時候，你可以在那些「靈光一閃」中找到絕妙的點子。

第五步，覆盤。整個執行過程到底是不太順利還是行雲流水？你是自己轉移注意力後沒忍住，又去玩手機了，還是該記錄的時候沒記錄，遺漏了重要的事；又或是不懂得如何拒絕同事的召喚，破壞了自己的番茄鐘週期？將這些問題回顧一遍，讓自己在下一個番茄鐘裡做得更好。

不過，就我自己使用的感覺，我發現番茄鐘這種工具配合一個沙漏效果會更好。如果你在番茄鐘開始時把沙漏整個倒過來，讓沙漏開始緩緩漏沙子，這個過程有極強的儀式感。細沙落下的畫面能時時提醒你，你正處於番茄鐘狀態，千萬別被其他事情打擾。

沙漏還有另一個作用是提醒別人，因為如果你跟身旁的人解釋過，沙漏在流動表示你正處於番茄鐘狀態，那麼他們既不會來打擾你，同時還能一眼就看到沙漏上方還剩多少沙子，這樣對方也就能立刻知道你大約還有多久會結束番茄鐘狀態。是不是一舉兩得？

小結

我們說了三種工具：

第一種是鬧鐘，鬧鐘是為了加強提醒，讓你提前預設一個具體的時間點，可以提醒自己在未來某個時間去做某件重要的事。

第二種是ＴＤＬ，是一個提醒清單，它能輔助你收集、排程、執行，讓你的大腦單純做好運用中央處理器的一件事情，從而實現高效率處理日常或工作事務。

第三種是番茄鐘，是ＴＤＬ清單實際的執行情境，如果你和我一樣，用沙漏來配合番茄鐘，那麼它既能提醒自己在番茄鐘狀態時別被其他事情打擾；還能提醒別人，別在細沙還在往下漏的時候來打擾自己。當然，特別重要緊急的事情除外。

第三節　高效率設備

四個實用工具，讓你隨時隨地都可高效率辦公

怎樣一年內讀完三百本書？
如何在高鐵、飛機上高效率辦公？
移動辦公如何擺脫電量焦慮？
室內辦公怎樣提高三〇%以上效率？

本節，我們來聊聊四個非常實用的高效率設備，它們能幫助你隨時隨地實現高效率辦公，讓你每工作十天，就比別人領先二到三天。

01 性能卓越的大螢幕手機

很多人問我，我是如何做到寫書這麼高產的？

我的回答是，充分利用每一段時間。比如我每天五點起床，六點不到出門上班。能不開車就盡量不開車。能早出門就盡可能早出門。能坐捷運就盡可能坐捷運。為什麼？因為自己開車的話雙手、雙眼都騰不出來做其他事，而且起得特別早的話，早上既不塞車，也不必跟陌生人像擠沙丁魚一樣擠捷運。更重要的是，如果你還有一款性能卓越的大螢幕手機，就能把捷運車廂變成你的移動圖書館。

我可不是在為手機打廣告，但你一定要知道，現在手機已經是我們每天使用頻率最高的設備，既然使用頻率這麼高，不就該多花點錢，為自己買支性能最好的嗎？

以前，我也和很多人一樣，貪圖手機的性價比，結果要麼就是記憶體小，以至於很多程式卡頓跑不動；要麼就是因為硬碟太小，沒幾天就要清理。這個過程不僅耗費時間，而且還很浪費心理能量。

所以我現在只要是換手機，一定會換性能可以排進前三的大螢幕手機。

你可能會問，「性能好」的確重要，我理解了，但為什麼一定要大螢幕呢？

我的第一個答案是：通勤路上很適合閱讀電子書，一支大螢幕手機至少能幫助你提高二〇％

的閱讀速度。

現在不像以前，每一本實體書都很珍貴，需要你一字不落地閱讀，去汲取其中的精華。現在書實在太多了，並非每本書都值得你花時間認真研讀，所以我自己會購買一些平台的電子書會員，每次閱讀一本目標書，然後利用搭捷運的時間來「刷書」。

什麼是「刷書」？

「刷書」就是把一本書的內容在我的大螢幕手機上迅速瀏覽，然後看到特別感興趣、別的讀者劃線評論最多的地方，又或者自己感覺最有價值的地方記下來，再詳細研讀。有些句子我還會摘錄，保存起來，以備在需要的時候，透過程式的全文搜索功能，找到原文，配合實際情況使用。

你看，透過「刷書」，每天通勤過程中我都能瀏覽完一到兩本時下流行或有人強力推薦的書，這就成了我頭腦高效率充電的關鍵情境。

那麼選擇大螢幕手機的第二個答案又是什麼呢？

答案是，因為我要搭配折疊藍牙鍵盤，組成一個可以隨時隨地寫作的環境。

02 折疊藍牙鍵盤

以前我還不瞭解藍牙鍵盤這個高效能設備，每次出差坐在高鐵上或者週末陪兒子去上補習班時，又或者參加一個會面，但對方還沒到達的時候，我都會用雙手捧著手機，用手機螢幕上的虛擬鍵盤來寫作。

但這種形式不但速度慢，而且錯誤率很高，那要怎樣提高效率呢？

答案是搭配一個折疊藍牙鍵盤。

一個折疊藍牙鍵盤打開的長度大概就是一個普通的筆記型電腦，但如果折疊起來，它的長度就比一張一百元鈔票還短，所以你可以放在包包裡。

當你處於一個相對來說停留時間稍長的場所，並且還能找到一張小桌子（例如高鐵或者飛機上那種），就可以拿出你的折疊藍牙鍵盤，配合大螢幕手機，組成一個行動辦公設備。

當然，還可以搭配一個手機架。

但這樣是不是又要在包包裡多帶一個東西了？

我始終覺得多一件東西就多一件事，多帶個手機架真的蠻麻煩的，直到我後來買了一個附帶充電座的藍牙耳機。

03 附帶充電座的藍牙耳機和無線行動電源

現在不少藍牙耳機都會附帶充電座，而且因為工業設計合理，有些充電座倒置過來就能當手機架用。

通常，在人聲嘈雜的地方，我會戴上降噪藍牙耳機，點開手機裡的冥想程式，播放白噪音，然後把手機架在倒置過來的耳機充電座上，打開折疊藍牙鍵盤，開始高效率寫作。

這裡還有一個小技巧。用手機寫作時，時不時彈出來的通知訊息會干擾你，所以可以把手機設為勿擾模式，這樣就能進入沉浸式深度工作，不怕任何外界打擾；而且時間一到，手機會從勿擾模式自動切換回來，也不用擔心之後接不到重要的來電或者訊息。當然，如果你實在找不到這個勿擾模式，調整為飛行模式也行，就是使用完要記得調回來。

附帶充電座的藍牙耳機除了可以當支架，主要功能是為藍牙耳機充電，所以耳機電量用盡後，只要放進充電座三十分鐘，就又可以連續使用兩小時了。

用耳機，再配合我們前面推薦的幾個知識類程式，很容易就可以把一天活成二十七小時。

另外介紹我的另一件法寶：無線行動電源。

如果你辦公寫東西寫到一半，發現手機電量太低，這會讓你很焦慮，影響你的心理狀態。

而普通手機的充電口大都設計在手機下方，如果把手機橫過來，絕大多數的手機程式在將螢幕打橫使用時體驗都很差。所以，如果手機電量不足，你可以像我一樣，把無線行動電源和手機貼合，充電的同時嵌入倒置的藍牙耳機充電座，再配上你的折疊式藍牙鍵盤。

可以說這套組合能讓你更心無旁騖、不帶焦慮地高效率辦公。

04 外接顯示器

除了行動辦公的環境，我最後再來和你說說在辦公室或者家裡，如果也想達成高效率辦公，有沒有什麼能進一步提高效率的設備呢？答案是添置一台外接顯示器。

事實上，無論是筆記型電腦還是桌機都支援多個顯示器同時工作。平時我們切換多個視窗要用到 Alt+Tab 組合鍵，當我們來回切換時，就要用記憶力強行記住前面參考的內容，再切回來撰寫。

這樣的工作模式顯然效率很低，不僅因為有時會錯切到其他打開的程式，更讓人難以忍受的是，假設你是在同一個表格文件的不同表單中來回查看，甚至連快捷鍵都沒有。

所以，為了解決這個痛點，不少高效能辦公人士早就用兩個顯示器來工作啦。

使用多台顯示器來工作最大的好處是，可以一邊在另一台顯示器上看參考資料，一邊在眼前的顯示器上做當前任務。有人做過統計，比起單顯示器工作者來說，同時使用兩台顯示器的工作者，效率能提高三〇％以上。

小結

四種高效率設備：

1. 性能卓越的大螢幕手機，它是你目前使用頻率最高的設備，買個好的，不吃虧；
2. 折疊藍牙鍵盤，是行動辦公、提升輸入效率的利器；
3. 附帶充電座的藍牙耳機，既能保證耳機長時間續航，充電座還能當手機架用，兩種功能二合一，再配上無線行動電源，是行動辦公的法寶；
4. 外接顯示器，多個顯示器讓工作效率提升三〇％。

第四節 知識管理工具

四種工具整理知識、提升學習效率

怎樣才能做到隨時隨地做記錄，隨時隨地查紀錄？
如何用工具建立自己的知識體系？
怎樣快速繪制心智圖？
如何高效率的把圖形內容轉化為數據內容？

本節我們再來聊聊四種用來做知識管理的工具，當你也能熟練使用這四種工具後，你就有了一個屬於自己的知識寶庫，隨時可以使用這些知識。

01 多平台互通筆記程式

第一種工具，是可以多平台互通的筆記程式。這類程式是連結電腦端和行動端資訊的工具，最重要的作用就是隨時隨地都可以記錄，你在路上想到了一個主意，或是在捷運上看電子書時發現了金句、觀點或者有趣案例，都能迅速打開筆記記錄下來。而且可以用雲端同步功能，將其同步在電腦端。

作為這類筆記的資深用戶，它給我帶來的益處很多。比如我通常會專門開一條記錄，並把標題命名為「金句」，可以把我在讀書時偶爾獲得的內容收藏起來，並時常拿出來看，看哪些可以用在工作中，或者作為我文章的結尾。

比如我在寫勵志文章時，我會引用《湖濱散記》（*The Walden, or Life in the Woods*）裡的金句：「當你的夢想實現時，關鍵並不是你得到了什麼，而是在追求的過程中，你變成了什麼樣的人。」

我在取文章標題時，可能會用「為什麼有人高開低走，有人笑到最後」這句話。

又或者一些商業網站跟我邀稿時，我會用上這句：「產品滯銷時流的淚，都是產品企劃時腦袋進的水。」

這樣，你就有了一座自己的素材庫。無論是寫作還是工作用簡報，又或者其他任何需要使用素材的情境，都能立刻拿出手機打開這些筆記程式，翻閱、查找、搜索關鍵詞，當你不停地將這些過去的知識內容拿出來反覆查看時，說不定就會靈光一現，素材帶來的創意會突然躍出螢幕，成為你一個作品裡的點睛之筆。

此外，現在很多發表文章的平台，也都和這類筆記程式串連，所以如果你在社群媒體看到一篇很有啟發的文章，也可以把它加入筆記收藏。

你可以試一下類似的程式，看哪個更符合你的使用習慣。

02 共用文件程式

共用文件應用有以下幾個特點：

第一，多設備雲端同步。這相當於把電腦裡的檔案、表格和簡報軟體這三大效率利器搬到了雲端空間，讓你隨時隨地在電腦和手機上取用，而且因為是雲端同步，所以無論是在哪一端輸入，電腦或手機端都能立刻看到內容更新。

第二，多人線上協作。這可以讓許多人線上編輯同一個檔案，而且還會顯示誰寫了什麼內容。這個功能不僅適合異地或者線上辦公，而且就算是面對面，我們都能用該功能在同一個檔案裡腦力激盪。

尤其是在一些重要的會議上，有可能來不及即時記錄會議上的關鍵內容，而且為了搶速度，需要在會議一結束就有會議紀錄成品，這時候怎麼樣才能寫得又快又好呢？

答案是在會議前先開一份檔案，多人協作。安排其中兩位同事同時記錄，再由第三位同事專門負責歸納總結。如此一來，負責記錄的同事壓力就變小了，歸納的同事也可以根據紀錄和自己在會議上聽到的內容做歸納總結。

這樣，一份像樣的會議紀錄就可以很快成型。

第三，升級成知識庫。由於這些檔案是以超連結的形式存在的，因此我們能充分利用這個特性，將不同檔案透過超連結的方式連接在一起，形成一個個人或者集體的知識庫。

這是什麼意思呢？

你可以先做一個目錄頁，目錄頁中有相關筆記的標題，並插入這篇文章的超連結。這樣一來，你只需要在通訊軟體收藏這個目錄，透過目錄層層點擊進去，就能直達任何你想看的文章內容。

更有意思的是，由於文章內容是即時更新的，所以每次點擊進去的時候，看到的一定是最新的版本，這可比以前從電腦裡找檔案要省力多了。

第四，保護隱私。這類檔案程式在設計時就很注重隱私，你分享出去的連結隨時可以關閉編輯權限，變成唯讀，或者關閉公開分享。充分使用這些功能，你所撰寫的知識或內容，就都只會分享給你的目標群眾。

最後，是即時雲端儲存和找回歷史文件功能，這樣你就再也不用擔心寫東西寫到一半電腦當機但沒存檔啦。

03 心智圖生成程式

我以前不是很瞭解心智圖，還以為它只能自己一點一點製作，直到有一次一位朋友為我示範了這類程式的用法，我驚呆了。因為前一秒鐘，他在投影機上顯示的內容還只是文字檔案，但下一秒居然就變成了一張心智圖。

這類程式可以把文字檔轉化為高效率的心智圖工具，而心智圖能幫助我們有效總結和思考。比如我在閱讀一本書的時候，就會把整本書的脈絡梳理成一張心智圖，這樣下次要回顧的時候，就能迅速回憶起這本書講過些什麼。

而且這類程式同樣能夠以超連結的形式輸出，這意味著你可以使用前文提到過的協作文件，把生成的心智圖導入目錄串聯起來。

這對你個人來說是非常偉大的知識工程，因為在這份目錄之中，有每一本你讀過的書。你不僅可以把這張目錄分享給朋友們，而且當你年歲漸長，某一天回過頭來看看自己做過的閱讀心得心智圖，也是一件非常有意義的事情。

除了讀書，心智圖還能幫助你進行思考。如果你還記得WOOP心理思維四步法，每當你遇到困難的時候，就可以打開程式，按部就班地在每個具體問題下方用心智圖寫下你的思考。同樣的，你可以把每一張心智圖都匯總在目錄中，每一次輸出都在為你個人的知識工程添磚加瓦。

04 文字掃描程式

第四種是文字掃描程式，可以用來整理紙本筆記。只要用手機掃描紙本書內容，就可以作為線上筆記保存。而且分享出來的格式可以是文字檔也可以是圖片。

說到這裡，你可能會覺得跟一般拍照留存比起來，也沒有什麼區別呀。但這類掃描程式還有一個文字辨識功能，意味著你可以直接把圖形中的文字辨識出來，圖像就變成文字，可以保存到你的線上筆記或文字檔之中。

而且，這種程式不僅可以在讀書時用，開會用白板時、你在自己的筆記本上做筆記時、拿到一張別人的名片時，只要你想，就可以把這些內容數位化，都可以使用這個工具，實現你的知識管理和資訊管理。

小結

四種知識管理工具：

1. 多平台互通筆記程式。它是一個雲端同步的知識收納管理工具，透過日拱一卒地蒐集，在你需要的時候隨時拿出來翻閱、搜索，有很大機率可以在你過去的累積中收穫靈感；

2. 協作檔案程式。可以把電腦裡的文字檔、表格和簡報軟體這三大效率利器搬到雲端空間，它的好處分別是：

一、多裝置雲端同步；

二、多人線上協作；

三、可升級成知識庫；

四、保護隱私；

五、即時雲端儲存和找回歷史文件。

用好協作檔案，可以累積對自己來說很有意義的知識寶庫。

第五節　運動恢復平台

會運動的人才能擁有更高品質的生活和工作

運動新手如何循序漸進地訓練？
戶外運動用哪種輔助程式更好？
有一定運動知識的人，在哪尋找運動指導內容？
如何快速恢復心力、腦力？

本節來聊聊三種運動恢復軟體，透過使用這些運動恢復程式，讓你的心力、腦力、體力能時刻保持在巔峰狀態。

01 運動類程式

以前我不喜歡運動，因為覺得運動這件事實在是太反人性了，但當時捷運站裡的一句廣告語，卻深深地吸引了我：自律給我自由。

就像《人類大歷史》（*A brief history of humankind*）的作者哈拉瑞（Yuval Harari）說的那樣，人類這個物種追求意義感。所以在意義感的驅動下，我開始用運動程式敦促自己運動。

首先，我發現這些程式裡有一些我不知道的運動知識。比如在此之前，我只知道國外有專門訓練腹肌的腹肌撕裂者系列課程，但這些程式裡頭不僅有腹肌撕裂者，還有人魚線雕刻等，而且還很貼心地根據你的能力而有不同難度。

這是一個循序漸進的過程。我在訓練兩個星期後，完全適應了最簡單的一級難度，接著用兩個多月適應了二級，然後在三級停留了大約一年，雖然中間也多次嘗試四級難度的課程，但整體感覺動作要求偏高，無法完全堅持下來。不過三級也夠了。我所在的公司每天九點上班，但我每天早上七點三十分就到公司了，所以公司的會議室就成了我的健身房。

透過每天早上在會議室裡訓練，我的身體素質改善了不少。本來幾乎每一季都要得一次感冒、咳嗽，但堅持訓練第三級腹肌撕裂者這麼久之後，許多小毛病基本上都痊癒了。除了腹肌撕裂者、人魚雕刻線系列，這類程式裡頭還有許多特地為上班族省時間而設計的ＨＩＩＴ系列課程，ＨＩＩＴ的全稱是High-intensity Interval Training，也就是高強度間歇訓練的意思。

這種ＨＩＩＴ的訓練方式是一種需要你在短時間裡快速爆發，全力而為的訓練項目。它能讓一個人的身體迅速進入缺氧狀態，這也會讓他在休息恢復時保持身體的高代謝率，最高可以達到四十八小時之久。

所以，如果你不想去健身房，這類程式也能幫助你達成科學健身。

二〇一九年，為了讓自己的身材恢復高中時的模樣，我參加了一個減脂訓練營，訓練營的教練跟我們分享了最適合減脂的運動：快走。

當時我們很多人都在使用同一款運動程式，並在訓練營的社團中貼自己快走的地圖。就像我們反覆強調的行動原理模型B＝ATM，每天看到社團裡有人上傳快走地圖打卡是觸發，看多了，你也會自然而然地加入快走團，每天不完成十五分鐘快走任務，就過不了自己這一關。

除了快走，還有一種運動也不受場地和時間限制，就是深蹲。我每天空閒時就會用程式計時打卡，花五分鐘做七十個深蹲，你不要小看這五分鐘，七十個深蹲實際上可以消耗掉大約六十七大卡，相當於兩大片西瓜的熱量。

很多人在做深蹲的時候膝關節會出現聲音，擔心自己傷到膝蓋。其實大可不必，因為深蹲時你雙腳著地，只要保持動作穩定，深蹲比單腳落地的跑步對膝蓋的衝擊更小。

02 線上影片網站

你可能會問，線上影片網站不是娛樂平台嗎，為什麼也會成為運動神器呢？

當時我卡在腹肌撕裂者三級和四級之間一年都上不去，但又累積了一點運動知識，就在線上影片網站找到了一些分享運動知識的影片主，他們自己也會研發一些腹部訓練課程，難度大約是三．五級。

三級對當時的我來說已經沒有挑戰了，四級的難度又太高。所以當你陷入瓶頸，同時也有了一些運動知識基礎後，不妨也去線上影片網站上看看，其中一些專業影片主的分享經常能帶給人驚喜。

我也是無意中發現的，訓練下來卻感覺強度剛好。所以，當你以後在運動上陷入不上不下的尷尬境地時，不妨打開線上影片網站看一下這些運動影片主，真的會有收穫。

03 冥想

說完了體力，我們再來說說心力和腦力。

心力是什麼？心力是一種意志，這種意志能幫助你在面臨抉擇的時候堅定地走下去，你可以把它理解為大腦的肌肉。

和長在身體上的肌肉一樣，心力是消耗品，所以你在飢餓、疲勞的時候會更容易傾向妥協。Facebook創辦人祖克伯購買了許多款式一樣的衣服，就是為了避免在今天穿哪件衣服上消耗過多心力，可以將心力投入於更有價值的事情上。

而當我自己感覺心力消耗殆盡的時候，就會用冥想恢復心力。我也會使用一些輔助工具，比如冥想程式。

每天中午，我吃完午飯後，就會打開這類程式，用它幫助我練習呼吸。因為冥想的本質其實就是觀察自己的呼吸。佛經故事裡有一句話，叫作生命就在一呼一吸間。

當你把所有注意力都聚焦在呼吸上的時候，會發現你真正活在了當下，過去繁雜的事務會被你拋諸腦後，未來棘手的困難也可以暫時不去想它。

這就達到了所謂「過往不念，未來不迎，當下不雜」的境界。你也會感覺到，自己因為之前注意力過於集中而造成的壓力和緊張狀態得以放鬆，這就彷佛肌肉鍛鍊後的伸展和休息一樣，迅速地把「大腦肌肉」逐漸調整到巔峰狀態。那麼腦力又是什麼呢？腦力是思考的速度，是運算的能力。我們知道電腦的中央處理器有單核心、雙核心、四核心、八核心，那人類大腦的運算能力依靠的是什麼呢？

腦科學的答案是：大腦灰質。

灰質由大腦的各種神經元、神經膠質以及大量神經纖維組成，人類擁有的神經元數量可以高達一百四十億，而神經元之間複雜的結構，則形成了大腦複雜的聯絡系統，它是人類思維活動的物質基礎。可以說，大腦灰質相對較厚的人，他在思維上也就更有優勢。

那冥想和大腦灰質又有什麼關聯呢？根據哈佛大學聯合麻薩諸塞州綜合醫院的研究表明，冥想這個行為會對人類大腦產生巨大影響，由神經科學家薩拉．拉扎爾（Sara Lazar）團隊組成的研究小組透過核磁共振掃描發現，連續八周冥想，就能增加大腦灰質的厚度，這就相當於別人是單核心，而經常冥想的人可能就是一．二核心或者一．三核心。

因此，當你知道冥想帶來的好處後，是不是恨不得現在立刻就學習冥想。

小結

三種運動知識和恢復類程式：

一、運動類程式。能幫你收縮你的腹部，更重要的是，增強你的體質。有條件的話你也可以加入社團，讓社團成員成為你每天運動的觸發。

二、線上影片網站。線上影片網站的影片主是構成網路上健身內容生態的重要力量，不過前提是你自己需要有一定的運動知識基礎，用來辨別哪些影片教學更適合你。

三、冥想。

第四章

術：在操作層面如何自律

第一節　早起計劃

這樣做，你也能第一個到辦公室

從本節開始，我們將一起進入「術」的模組，以下為實際應用情境。

情境：早起。

你可能聽說過蘋果首席執行官提姆．庫克（Tim Cook）每天三點四十五分起床，四點半回員工郵件，五點去健身房；前百度集團總裁兼首席運營長陸奇起得更早，每天三點起床，然後跑步五公里，接著持續工作到晚上十點；還有知名作家村上春樹，他的起床時間是四點三十分。

和這些人比起來，聯想柳傳志五點起床，百事可樂CEO史蒂夫．雷蒙德（Steve Reinemund）五點起床，百度李彥宏五點起床，還有我也是每天五點起床，都算有點晚了。

玩笑歸玩笑，讓我們回到主題。我們說：菩薩畏因，眾生畏果。你覺得早起對一個人成功實現自己的人生目標來說，到底是「因」還是「果」呢？

我之所以認為早起是「因」，是因為早起能讓一個人做很多事，而且我自己也因為早起，品嘗了諸多好處：

第一，早上沒人打擾，讀書、寫作很容易就能進入物我兩忘的狀態，學習輸入和寫作輸出的效率都特別高；

第二，早上的通勤體驗非常好，在捷運上也能十分舒適地閱讀電子書；

第三，我自己還有一個「人體電池」的理論。如果把人類比喻為一支手機，早上起床後一個人就像是電池充滿的狀態，晚上臨睡前顯然就是電量低於二〇%的低電量狀態了。一個滿電量，一個低電量，這兩種狀態哪種更適合工作、學習，自然是一目瞭然。

既然早起的好處有那麼多，那到底要如何才能養成早起的習慣呢？

答案是把你的早起計劃分為三個階段，逐一實現。

01 第一階段：每天一分鐘，初步摸到門檻

我們先來看第一個階段，初始階段中，我們正好可以複習一下前面章節提到過的WOOP思維，溫故而知新。

如果你還記得，WOOP心理思維四步法要求我們透過比較預期和現狀的差距，找到障礙點，然後針對障礙，採取「一旦……就……」的計劃。現在，就讓我們根據WOOP思維四步

法的步驟來模擬一遍。

第一步W（Wish）希望：你希望早起，於是把鬧鐘調成了五點；

第二步O（Outcome）現狀：現狀是早上被鬧鐘鬧醒後，一看是五點，睡意襲來，想想不然還是明天再進行早起計劃吧，今天實在太睏了。於是就按掉鬧鐘接著睡。這樣一來，早起的計劃就延後了，就這樣日復一日，始終沒能實行你的早起計劃。

第三步O（Obstacle）障礙：如果你本來在七點三十分起床，而現在硬是改成了五點，早上醒來時，你要面對睡個回籠覺的巨大誘惑，這份誘惑將遠大於你起床的動力。

好了，分析到這一步為止，你已經清楚了，阻礙你早起的最大障礙，是繼續睡的誘惑大於早起的動力，所以我們就找到了這道題目的關鍵，接下來就是找到實際的解題方法。

我推薦的解法是把誘惑變小。實際上要怎麼做呢？

你可以把明天要起床的時間調整成為七點二十九分。有人會疑惑說，才早起一分鐘？說好的早上起來讀書、寫作，物我兩忘呢？

對不起，你現在還沒到這個階段，所以我需要先幫你逐步養成早起的習慣。

因為明天早上鬧鐘響的時候只比平時早一分鐘，而再多睡一分鐘的誘惑在絕大多數情況下，是小於你想要養成早起習慣的動力的，所以執行起來就沒那麼費力，因此，可以按時起床。於是，第四步P（Plan）計劃就有了：明天比平時早起一分鐘，一旦鬧鐘響就馬上起來。

02 第二階段：紅包策略，培養大腦習慣

僅僅早起一分鐘不是你的目的，所以在這個WOOP四步法中，我們要不斷繼續。也就是說，明天你七點二十九分按時起床了，那麼後天的起床時間則是七點二十八分，大後天的起床時間是七點二十七分。

之後的日子，你每天起床時間都比前一天早一分鐘，這種循序漸進的方式將幫助你用五個月的時間，來實現早上五點起床的目標。當然，如果你覺得要五個月的時間才能跨過這道門檻有點長，那麼你也可以每天早起兩分鐘或三分鐘，這樣你只要花費七十五天，甚至只要五十天，就能實現這個目標。

但是，這裡有個但是，不少早起的人遇到的第二個障礙，你可能也會遇到。

那就是他們會發現早上慢慢地多出了那麼多時間，但是又不知道要做什麼？

這會導致你雖然可以做到五點起床，但很快又會放棄。等等，我們不是說好早上起床「讀書寫作，物我兩忘」的嗎？怎麼會不知道要做什麼呢？

我們講過習慣模型是觸發行動，然後大腦獎勵。

你現在雖然做到了五點起床，但生理時鐘還沒完全固定下來，而讀書寫作這件事情本身就是反人性的，需要你花費心力、腦力、體力去做，所以對堅持早上五點起床來說，除非你天生就是學習狂熱者，否則讀書寫作不是「獎勵」，而是「懲罰」。

你的大腦在這段時間不會想讓你「讀書寫作」，但它對於到底要做什麼又一時沒有頭緒，所以才會有這樣尷尬的局面。

所以，此時最好的策略不是「早起讀書寫作」，而是「早起娛樂」。

是的，你沒有看錯，為了鞏固早起習慣，要刻意安排早上提早起來做一些能為你大腦帶來獎勵的東西。

比如有些人愛看電影，所以這兩個半小時足夠你看一部好片了；有些愛玩遊戲的，也可以早上玩玩遊戲；有些人還可以逛購物網站。總之怎麼開心怎麼做……

我知道渴望戰勝拖延的你，此時心裡可能有些猶豫，早起就做這些事，那還不如不早起呢！

別急，就像很多新程式在開拓市場時，會採取免費策略或者紅包策略來培養用戶的使用習慣一樣，我們現在讓你的大腦開心，目的也是一樣的。一旦你的大腦已經習慣了早上五點起床，那麼接下來，你就可以收走獎勵它的「紅包」，開始做些正經事了。

03 第三階段：習慣養成，收割早起紅利

如果你已經連續兩個月都能做到五點起床，那麼恭喜你！你可以開始收割早起紅利了。

舉個例子，或許可以給你一些啟發：

- 5：00，起床，把前一天晚上準備好的飯菜放進電鍋加熱，然後去洗漱；
- 5：02—5：05，刷牙，洗臉；
- 5：05—5：20，一邊吃飯一邊閱讀昨天讀到一半的電子書；
- 5：20—5：45，吃完早餐，用一個番茄鐘寫五百到八百字的文章，狀態好的時候可以寫一千字；
- 5：45—5：50，洗好碗筷準備出門；
- 5：50—6：05，快走到達捷運站，路途上戴上藍牙降噪耳機，聽有聲書；
- 6：05—7：15，捷運通勤，閱讀電子書；
- 7：15—7：30，快走到達公司，同時用藍牙耳機聽有聲書；
- 7：30—7：50，進會議室攤開瑜伽墊做一節腹肌撕裂者和一組深蹲；

- 7：50—8：50，回顧昨天的工作內容，計劃今天需要做的工作，思考重點工作的困難點和因應計劃；
- 8：50—9：10，冥想；
- 9：10—9：30，點好中午的午餐，同事陸陸續續進公司，投入一天的工作。

你看，這是我收穫的早起紅利：五點起床，利用早上的時間把知識輸入、輸出、運動、冥想以及工作的回顧和計畫，重點工作的困難點和突破計劃都完成了，而且在思考後還安排了一段解壓冥想，並且在別人每天臨近中午匆忙點餐前，就非常從容地把包括午餐在內的事項全都安排妥當了。

正是在這樣有規律的安排下，我幾乎每天都能比身邊的人多出二到三小時的高效率時間，在這二到三小時中，不僅執行上有進步，還有一大段中到長時間的思考時段。

那你呢，是不是也一樣可以利用早起，閱讀、鍛鍊、收聽新聞、提前到公司準備好一天的工作計劃……甚至還可以把很多平時沒有時間完成的計劃，拉到早晨的時段？比如我的不少讀者都會設法透過各類社交媒體，在網路上找到我，跟我交流，和我分享自己的閱讀與實踐心得。在這些讀者中，有利用早起時間準備在職研究所的上班族；有利用早起時間寫作投稿賺取副業收入的家庭主婦；有利用早起時間學英語準備雅思考試的大學生；還有非常多和我一樣利用早起讀書、寫作，不斷輸入新知識讓自己比同齡人更快成長的人。你看，這些就是我們進入第三階段，養成早起習慣後，能夠收穫的紅利。

你以前可能經常聽到這樣的說法：人與人之間的差異，一在於選擇；二在於選擇之後是猶猶豫豫地蹣跚前行，還是像瘋子一樣認準方向一路狂奔。

早起的紅利，正是我，也是你，眼前可以找到的目標，然後透過日拱一卒，偶爾猛進，一路狂奔進步。

小結

早起計劃的三個階段：

第一階段：每天一分鐘，初步摸到門檻。即透過每天早起一分鐘，用五個月的時間達成五點起床的目標；

第二階段：紅包策略，培養大腦習慣。一開始別用早起時間做引起「大腦懲罰」的事情。透過娛樂的方式，給大腦獎勵，從而鞏固每天五點起床的習慣；

第三階段：習慣養成，收穫早起紅利。希望你也能利用好早上兩到三小時的高效率時間，從容地找準方向，日拱一卒，一路狂奔。

第二節　拒絕熬夜

怎樣在身體層面支援你保持自律

上一節，我們一起過了「早起關」，構建了能輕鬆達成早起的策略。這一節，是「睡眠關」，我們來詳細說說熬夜問題，並且用三個策略來提升你的睡眠品質。

我有一位同學在世界前五百大企業擔任高階財務經理，有一次我們見面，他感嘆自己馬上就要四十歲了，不僅感到焦慮，而且有時在通勤路上會隱隱覺得自己胸口疼痛。我開玩笑說要小心過勞，沒想到他聽到後突然露出嚴肅的表情。

這位同學坦言，因為工作強度很高，經常加班到很晚，回到家之後又覺得一天沒有娛樂活動對不起自己，所以經常到一兩點才捨得睡覺，然後每天早上七點三十分拖著疲憊的身軀起床，每天都依靠喝三杯咖啡來「續命」。

前段時間公司健康檢查，心電圖顯示正常，但因為身體不舒服，又去了醫院複診，仍舊沒結果。但他聽了醫生的勸告，現在每天十一點半入睡，疼痛感才略微好了一些。

睡眠對身體有影響是我們的共識，這位同學遇到的情況也絕非個案，微軟創始人比爾・蓋茲曾說過：他一生中每次嚴重的失誤，都是在睡眠不足的情況下發生的。

德國盧貝克大學的實驗也顯示，缺乏睡眠猶如醉酒，一週如果每晚只睡五小時，人的狀態就像喝了六十到八十毫升的白蘭地，可見缺乏睡眠對身體的傷害之深。

但現實生活中，我們經常看到許多人喜歡深夜寄電子郵件並副本給主管，有些則是半夜在社群媒體發加班文，還要附上一句加班感言。這些人的付出是以健康為代價的。

是的，只有活好，幹活才能好。

已經走在自律路上，開始勤奮努力的你，有沒有什麼方法可以提高自己的睡眠品質，在身體層面支援你保持自律呢？

下面就是我提供給你的三種睡眠策略。

01 第一種策略：時間差策略

如果你明天就要交作業，今天晚上迫於無奈，必須趕工。除了直接熬夜之外，還可以採行時間差策略。

這種策略並不複雜，就好比手機快沒電了，身邊也沒行動電源，但等一下又必須出門，那你怎麼辦？先充一下電再走就是了。所以這種策略就是在自己很疲倦的情況下，調好鬧鐘，睡個半小時再起來熬夜，完成工作後再繼續睡。這樣做第二天醒來會好受多了，比你直接熬夜把事情做完再睡要更好。

當然，如果你經過上一講的訓練，能預估完成工作的時間，比如三小時，那你可以先去睡覺，第二天凌晨四點起床，然後開始工作。完成工作後，花個半小時洗漱、吃早飯，七點半正常出門，這樣對身體的傷害比先睡半小時再工作更小。

可能有讀者會問，工作熬夜我倒不會，但我總是晚上滑手機、玩遊戲、追劇停不下來，捨不得睡覺，這要怎麼辦？

我自己以前也曾迷戀網路遊戲無法自拔，為了戒除網路上癮，我是這樣做的。

第一步，很簡單，定一個晚上十一點的鬧鐘，時間到準時把你的手機放到客廳充電，斬斷上癮源頭。中國頂級時間管理大師紀元就介紹過這個方法，不僅能戒除手機癮，還能養成每天四點半起床的習慣，因為手機放在客廳，鬧鐘一響，就不得不起來關掉，不然會影響家裡其他人休息。後來我發現不少我接觸過的成功人士，都用這個方法來戒除熬夜滑手機的壞習慣。

當然，這個直接切斷上癮源頭的方法聽起來簡單，做起來還是有難度的，沒關係，我們進入第二步：

第二步，早上起來玩網路遊戲，這就有了強烈的早起動機，因為早上五點起來玩遊戲完全沒有人打擾，這樣一來，在半年的時間內，我不僅戒掉了熬夜玩手機的惡習，還養成了早起的習慣。

第三步，也是最關鍵的，任何遊戲都有玩膩的一天，任何一部劇也都是會追完的。這個時候，不要輕易開始玩另一款新遊戲或看另一部劇，反而可以好好利用已經養成的早起習慣，在早上讀自己喜歡的書。

02 第二種策略：催眠策略

催眠策略可以用在你第二天要早起，現在身體感覺特別疲勞，但又怎麼睡都睡不著的時候。

催眠策略聽起來好像有點神秘，但其實只要你體驗過一遍，就會發現這個策略一點都不複雜，因為它有個模式，而且還有畫面感，所以嘗試過一次之後，第二次就能自行使用了。

下面是催眠策略的八個完整步驟：

第一步，把睡姿改成平躺，然後做一次深呼吸。把注意力專注在自己的右手手掌，感覺它有點溫暖；再把注意力放在右腳腳掌，感覺它有些溫暖；接著是左腳腳掌，再然後是左手手掌。這麼一圈之後，做一次深呼吸，並且感覺自己整個身體隨之一呼一吸時，就變得放鬆了。

第二步，這次還是從右手手掌開始，將注意力集中在右手手掌，但這次不是感覺它的溫暖，而是感覺它的放鬆；接著是右腳腳掌，左腳腳掌，最後是左手手掌，聚精會神的感受它們的放鬆。一圈之後，再來一次深呼吸，同時感覺自己整個身體更加放鬆了。

第三步，這次從自己的頭皮開始，把注意力集中在頭頂，感覺這一小塊區域的放鬆；接著是前額，臉頰、鼻子、嘴唇、下巴、脖子前方的皮膚、胸口、腹部，再到胯部、大腿前側的肌肉、小腿前側、腳背。過程中，你要一小塊、一小塊感受身體的放鬆，每個從上往下的過程不要太快，每次停留三到五秒鐘就可以了。這半圈走完，做一次深呼吸，感覺自己整個身體更放鬆了。

第四步，再回到頭皮，繼續感覺它很放鬆，但這次的路線是從頭皮，後腦勺、脖子後面的頸部、後背、腰部、臀部、大腿後側、小腿後側再到腳跟。由上而下，感受它們的放鬆。同樣的，後半圈走完，做一次深呼吸，感覺整個身體變得更加鬆弛了。

第五步，第三次回到頭皮部位，感覺頭皮很放鬆，第三次的路徑是雙耳、雙肩、上手臂、下手臂，再到手掌、大腿旁側、小腿旁側、腳掌。最後還是做一次深呼吸，感受整個身體更加放鬆的狀態。

第六步，想像自己馬上要走進一個地下室，地下室一共有十級樓梯，自己邁出一條腿開始往下走，一步、兩步、三步。同時告訴自己，當自己走完這十步，身體會更放鬆一點。四步、五步、六步、七步；做一次深呼吸，八步、九步、十步。當你走到第十步的時候，突然感覺自己整個身體變得十分放鬆。

第七步，想像自己進入了一部電梯，電梯要下降到地下十樓，你看著電梯上顯示現在是一樓。然後想像電梯的樓層顯示開始變成負一、負二、負三，告訴自己，當電梯下到負十樓的時候，自己的身體會更放鬆。負四、負五、負六、負七，做一次深呼吸，負八、負九、負十。當電梯門緩緩打開的時候，突然感覺自己整個身體變得十分鬆弛。

第八步，想像自己在一輛汽車裡頭，汽車馬上就要駛入一條不長的隧道。十秒後，汽車就會開出隧道，一秒、兩秒、三秒。告訴自己，等一下汽車開出隧道時，你的身體會很放鬆。四秒、五秒、六秒、七秒，做一次深呼吸，八秒、九秒、十秒。汽車開出隧道時，你感覺自己整個人都沐浴在一片白光之中，你在白光中感覺很舒服。靜靜地享受這道白光帶給你的放鬆感……

我自己在做這套催眠流程時，通常會在第六步開始意識模糊，有時還沒到第七步就睡著了，而且會睡得很舒服。當然有時也會到第八步還沒睡著，這時，整個人的身體是很放鬆的，多沉浸在這份輕鬆之中，通常沒過多久就能睡著。

而且因為你入睡時身體極度放鬆，所以第二天起床時會很有精神。我自己查看穿戴裝置，也會發現儘管有時候總睡眠時間不長，但深度睡眠時間卻不短。

03 第三種策略：小睡策略

通常，午飯過後，下午一點到三點工作效率會變差，怎樣在這兩個小時之中提高工作效率，有個好方法就是小睡。小睡可以分為兩種模式，一種是真的小睡；還有一種是做一段十分鐘的冥想。

我們先來說「真的小睡」，如果你有中午喝咖啡的習慣，小睡前可以喝一杯咖啡。咖啡產生效用的時間大約是二十五分鐘後，所以你可以在喝完一杯咖啡後，立刻開始小睡。小睡時眼罩很有用，可以買品質稍微好一點的，最好是鼻子位置有突起的那種設計。

冥想策略適用於中午睡不著，但又想提高下午辦公效率的人。你可以在我之前推薦的冥想程式中，找一段你喜歡的白噪音，戴上你的降噪藍牙耳機，然後放空大腦，專注於自己的呼吸。就像我們之前說的那樣，這十分鐘冥想會對你的大腦灰質產生積極的影響，短期能讓你狀態變得更好，長期還能升級你的大腦硬體配置，讓大腦灰質變厚。

小結

拒絕熬夜，改善睡眠，在身體層面支援你保持自律的三個策略：

第一，時間差策略。先睡再熬夜，或是算好時間早起工作都是有效的。

第二，催眠策略。適用於身體很疲勞，卻還睡不著的人。我詳細描述了八個步驟，你可以嘗試看看。

第三，小睡策略。適用於希望下午提高工作效率的人。喝杯咖啡後立刻戴上眼罩小睡，或者聽白噪音，做十分鐘冥想，都能幫你擁有一個高效率的下午。

第三節　成功減脂

如何在短時間內，瘦出理想效果

上一節，我們一起過了「睡眠關」，用三個策略幫助你在身體層面支援你保持自律；這一節，是「減肥關」，從我減肥成功的過程，示範我前文提到的如何在實際狀況下應用自律策略。

我會從：目標設定、大腦獎勵、吃和運動、心理能量四種面向詳細說明。

01 用一百五十九天，瘦回高中時的模樣

二〇一九年，由於工作繁忙，運動量低，身高一百七十公分出頭的我，體重達到了有史以來的最高峰：七十三公斤。

看著鏡子裡日益膨脹的身材，「油膩的中年男人」這個形容詞總是不經意間從我的腦海裡冒出來。我以前的褲子都偏緊了，旅遊時也不愛拍照了。

但我突然想到，既然我能在早起、學習、讀書寫作上做到自律，這種自律是否可以遷移到減肥這件事情上呢？於是我大量查閱資料，學習自然規律，加上每天刻意持續運動，花了一百五十九天，終於從七十三公斤，日拱一卒，將體重降到了一九九九年高中時的數字：六十三．八公斤，減掉了將近十公斤純脂肪，相當於四十個手掌的大小。

我認為我學習到的方法適用於所有人，你也一定能學會，所以如果你或身邊的人也有減肥變美的需求，我在這裡跟你分享完整的方法。

02 設定目標

首先，你要有一個目標。你看，我們所有的自律計畫都是一樣的，目標對於任何一個自律計畫來說都是首要任務。很多人減肥失敗，就是因為缺乏一個具體的目標，這就造成減肥的行動變成我們在第一堂課提到的脈衝式勤奮，很難轉化為持續的行動。他們嘴上說著要減肥，但真的遇上身旁有人吃喝高熱量食品時，就管不住自己的嘴，還會替自己找藉口，覺得自己今天有點累，犒賞一下自己也是應該的。實際上，減肥的本質是一個從A點到B點的過程，其中有非常詳細的計算。只要你在最開始的時候能做好計算題，接下來每天的任務就是專注執行。

這樣說有些抽象，到底要怎麼樣科學合理地設定目標呢？我來舉個例子。

在二〇一九年六月三日這一天，我的體重是七十三公斤，當時我選了一個比較簡單有效，而且使用後感覺還不錯的熱量追蹤程式，輸入自己的減重目標：六十三．八公斤，期望達成日期填的是十二月二十五日。之所以選這一天，是因為十二月二十五日是聖誕節，我想用有儀式感的方式，許下一個願望，然後透過自己不斷的學習、思考和持續行動，給自己一份聖誕禮物。

03 大腦獎勵

輸入好目標體重和日期後，程式會自動計算出我這樣的成年男性一天的基礎代謝是一千八到一千九百大卡（當然男女不一樣，女性朋友可能會落在一千六百大卡左右），想要在聖誕節達到目標體重，那麼每天就要有兩百到兩百五十大卡的熱量赤字。

這個模型就像我們以前小學學數學的時候做的應用題，有一個七千三百公升的游泳池，每天漏水一百公升，如果一百天後裡面剩下六千三百公升的水，請問每天最多可以灌入多少公升的水？所以，透過這個科學嚴謹的熱量模型，我每天需要控制我的飲食攝入在一千六百五十到一千七百大卡，如果不小心吃多了，就只能用運動的方式釋放多餘的熱量。

這是一道非常簡單的計算題。只是很多人雖然知道，卻很難堅持，這是因為他們缺少一個條件，假如沒有這個條件，就會缺乏持續行動的動力。

你一定很好奇這個條件是什麼？

答案正是我們在「第六步」中提過的自律上癮機制——大腦獎勵。是的，大腦獎勵就是你減肥成功的關鍵。

04 吃和運動

那麼下一個問題就來了，怎樣才能構建大腦獎勵呢？答案是構建即時回饋，方法是定時、定狀態量體重。

當時是六月，天氣逐漸進入夏季，每天我起床後第一件事就是上完廁所，然後在僅穿貼身衣物的情況下量體重。尤其在最開始幾天，每天嚴格保持熱量赤字時，我發現前一天的體重是七十三公斤，但第二天一早就變成了七十二．七公斤，第三天又變成了七十二．五公斤。

這種回饋讓我的大腦像是吃了「五隻雞腿，十個冰淇淋」一樣，明顯感覺自己的大腦分泌出了許多多巴胺，獲得了強而有力的獎勵。可是，為什麼會這樣呢？

在我的著作《行為上癮》中，曾經提到一個二十世紀三〇年代的實驗，行為心理學家史金納發明了一個叫作「史金納箱」的設備。在這個複雜的設備中，飢腸轆轆的小白鼠可以藉由按壓一塊小金屬板來獲得食物。這個即時回饋機制讓小老鼠學會了按按鈕，並讓牠感覺「行為」和「獎勵」之間有關聯性。

所以在減脂的過程中，控制熱量赤字就相當於按壓小金屬板的行為；而看到體重往下降，則相當於獲得了食物。正是這種即時回饋的機制，讓大腦獲得了足夠的獎勵，讓我們有足夠的動力進行下一次熱量赤字的控制。

但光知道原理還不夠，實際上要怎麼吃，怎麼運動呢？

以前我喜歡吃燒餅油條、蛋餅，覺得它們都是人間美味。但在熱量計算程式上，我發現類似食物的熱量高達六百到八百大卡，而我早餐的熱量預算最多只有五百大卡。所以這類食物是減肥期間堅決不能碰的。

於是我藉由程式建立了一份固定的早餐食譜，加起來是四百五十大卡。

然後是午餐和晚餐，午餐的預算是六百大卡，晚餐則是五百五十大卡。我再查一次哪些自己喜歡吃的食物熱量性價比比較高。蔬菜的性價比都很高，兩百五十克蔬菜加上調味料也不過一百大卡左右，白飯也沒有想像中那麼可怕，兩百克白飯兩百三十大卡。肉類則要特別注意，通常豬肉可以暫時先不要碰了，熱量相對比較高。

而一百五十克五香醬牛肉的熱量也只不過兩百大卡，雞肉也是很好的選擇，熱量與牛肉相當，但注意吃的時候要去皮，因為皮的熱量很高；魚、蝦、蟹肉也是很好的選擇，但一定要注意海鮮多太吃有副作用，容易痛風。鎖定了這些低熱量的食材，你的午餐和晚餐原則也就確定了。

另外，值得提醒的是早上十點三十分和下午三點，這兩個時間點容易產生飢餓感，這時你如果準備一些低卡的黃瓜或番茄，就再好不過了；同時，要特別小心餅乾，別看蘇打餅乾沒什麼油，但一片這種餅乾，熱量可相當於兩根黃瓜。說完了如何攝入，再來講講怎樣運動消耗熱量。

伏地挺身、棒式、仰臥起坐這些常見運動，如果計算熱量消耗，會發現它們又累又消耗不了多少熱量，這些運動主要是針對局部塑身，當體脂率仍然偏高時，光做這些運動短期內是看不見太大效果的。看不到效果意味著大腦無法得到獎勵，無法得到獎勵則意味著很難堅持這項行動。反而是快走和騎腳踏車這些能持續讓心率維持在每分鐘一百二十到一百四十下的運動，能在短短的二十分鐘裡就消耗掉一百一十到一百六十大卡的熱量，相當於一天一〇%左右的熱量消耗。如果在減脂期搭配智慧手錶，持續監控心率，讓心跳保持在一百二十到一百四十，那麼你依靠快走、騎腳踏車就可以達到最高的減脂效率。

而且這兩項運動你可以在上下班的路上順便完成。這樣減肥，是不是效率高又省力呢？

05 心理能量

最後我們再來談談心理能量。

這個世界上從來就沒有一帆風順的事情，減肥也是。減脂減到一定程度，會遇到瓶頸，也就是人們常說的平台期。這時體重會長達三到五天無法降低，有時反而還會微幅上升。

如果你沒有預期會有平台期，很容易產生焦慮，焦慮會讓人懷疑，懷疑就可能讓你停止行動，導致你擱置減脂目標。

所以為了達成你的最終目標，你需要理解這個問題的本質。這個問題的本質是什麼呢？答案是成年人的消化道總長度很長，有六到八公尺。

這就好比我們打開熱水龍頭，要先等一下，水龍頭才會流出熱水。

這就是滯後效應。

所以在我們週末或假日和親朋好友吃一頓大餐後，有很大機率會在之後幾天形成一小段平台期。

那我們該如何應對平台期呢？

還記得我們減脂的本質是什麼嗎？對，人體熱量赤字。

你只要守住本心，用心理能量接受平台期的到來，同時不忘初心，每天保持食物攝入的熱量減去運動消耗的熱量，小於等於程式上的每日熱量攝入目標，製造人體熱量赤字，等到那頓好吃的從你六到八公尺的消化道中消化完畢，你會發現某天自己的體重一下子降低許多。

截至二〇一九年十一月十二日，我花了一百五十九天，提早完成了原本定在聖誕節的目標，總計減脂九．二公斤，相當於三十七個手掌大小的純脂肪，達到我的目標體重。

小結

在短時間內瘦出理想效果，共有四個面向：

第一，目標設定，你可以去下載一個程式，輸入你期望的體重；

第二，大腦獎勵，藉由每天固定時間、狀態量體重，讓你對每天保持熱量赤字的行動產生即時大腦獎勵；

第三，吃和運動，安排好一天三餐和兩次食物補充的內容，選擇卡路里性價比高的食材；並且用快走、騎腳踏車，使心率維持在一百二十到一百四十來消耗熱量。

第四，心理能量，接受滯後效應，不焦慮、不放棄行動，用心理能量守住本心、守住熱量赤字，讓你身體裡的脂肪持續消耗。

第四節　優質社交

如何更高效率地獲取和累積優質人脈？

上一節，我們一起過了「減肥關」，主要從設定目標、大腦獎勵、吃和運動、心理能量四個面向確立了一百多天瘦掉五到十公斤純脂肪，還不會反彈的方法。

這一節，是「社交關」，也就是高效率獲取和累積優質人脈的方法。

你可能會覺得，人脈和我們自律的主題好像沒什麼關係？事實上，人脈能快速提高我們各方面的做事效率。甚至很多職場老人就是因為一個重要人脈，進入了夢寐以求的公司，或接到了重要的專案。而且當你擁有優質人脈時，可能只要一則訊息就能迅速完成很多別人推不動的事情，讓你有更多時間精力去做其他想做的事。

既然人脈對我們如此重要，如果你平時疏於社交，擔心錯失好機遇，那麼今天教你的這個人脈公式，或許能讓你事半功倍地超越不少人，收穫更多人生的可能性。

這個公式叫作：

優質人脈＝可靠×（個人品牌＋知名度＋社會資本）

下面我就來為你詳細拆解這個公式。

01 可靠

我們先來講什麼是可靠，我們先舉個例子。

假設你是一場會議的主持人，與會人員大部分都到齊了，但還有小張和小王兩個人沒到，你傳訊息給他們兩個，要他們快點過來。

小張回覆說：給我五分鐘，我馬上到；小王則說：我正在接一通電話，預計二十分鐘趕到。

十分鐘過去了，你傳訊息給小張，他還是回覆說：到了到了，馬上到。

結果會議開始十五分鐘後，兩個人一起到達。

好了，現在問你，小張和小王，你感覺哪個人更可靠？你的第一感覺是不是小張不太可靠，明明答應五分鐘就到，但拖了三倍的時間才到；而小王雖然說二十分鐘才會到，但反而提前五分鐘抵達。

上述現象在心理學中被稱為對比效應，你把左手放進熱水，把右手放進冷水，然後兩隻手再同時摸溫水時，左手會感覺冷，右手則會感覺熱。

所以當你理解了對比效應，也就擁有如何讓他人感覺自己可靠的方法了。

第一，別輕易承諾，不過一旦承諾了，你答應的事情請務必確保在你的能力範圍之內；

第二，既然答應了，就一定要竭盡全力完成，並且最好能超出原本你給出的預期；

第三，如果可以的話，最好的做法是控制對方的預期，然後提出一個比較高的回報。

雖然這是一種模式，但正是這種模式能夠讓別人幫你貼上一張可靠的標籤，讓別人願意跟你合作。

02 個人品牌

說完了可靠，我們再來說說個人品牌。

什麼是個人品牌？

在談個人品牌之前，我們先來講什麼是品牌。品牌是建立他人對於某種產品的長期認知和忠誠度。比如咳嗽的時候你會想買一瓶京都念慈菴川貝枇杷膏，累了你會想喝一罐紅牛，送禮的時候你會不由自主地想起白蘭氏。

而人的個人品牌則是你在你的圈子明確樹立的形象：你是誰，你可以做什麼，你做某件事做得比別人好。

拿我自己為例，我是一名作家，我研究行為心理，我透過行為心理達成自律，我能教任何一個有自律意願的人找到戰勝拖延的方法，但如果我只是這樣鼓吹卻沒有人相信，那怎麼辦？

別急，個人品牌也有一個公式，叫作：

個人品牌＝價值×識別度×曝光頻率。

第一，我們先來說「價值」，價值是你這個人所代表的能力，是不是能為他人帶來效用，假如沒什麼效用，那麼就算識別度再高，曝光再頻繁也沒用。舉個例子，相聲大師郭德綱很有名對吧，但如果你感冒喉嚨沙啞，郭德綱對你來說就沒有價值，當然一邊打點滴一邊聽相聲的人除外。

所以要提煉一個自身特有的價值點，而且別人需要這個價值點。你現在正在閱讀的這本書，是因為我研究行為心理，我能用心理學的方法一步一步教你如何戰勝拖延，如何早起、減肥、教你自律；有的人則可能擅長製作簡報，比如劉哲濤老師，年輕有為，已經是得到公司官方簡報製作課程的合作夥伴了。

每個人都有獨特的、他人需要的價值，你要設法挖掘出自己的這份價值。

第二是「識別度」，識別度是指代表別人是不是容易記住你這個人的符號。我在線下聚會做分享並介紹我名字的時候，經常會這樣開場：我叫何聖君，你可以把我理解為如何幫你成為齊天大聖、太上老君，讓你戰勝拖延，持續蛻變。

因為《西遊記》在普通人的記憶裡太深刻了，所以我這樣一講，別人再一看螢幕上何聖君三個字，大腦就有了畫面，把我的名字和孫悟空、太上老君結合，接著就記住了我的名字。

所以你在做自我介紹的時候，也可以結合你的「價值」，把你的名字包裝起來，讓人一聽就能記住。

第三是「曝光頻率」，心理學中存在一種現象，叫作純粹接觸效應，意思是說別人看到你的次數越多，就越容易喜歡你，從而選擇你。比如你在超市貨架上看到飛柔、艾瑪斯、海倫仙度絲、髮蔓四種洗髮精，你比較可能會挑選海倫仙度絲，就是這個道理。

那要怎樣提高曝光頻率呢？很簡單，把你的臉書、ＩＧ、電子郵件的介紹欄、你在各個群組的暱稱都改成有高識別度的內容，那麼你每次和別人加好友、寄郵件、發文、在群組發言，都是一次曝光。

比如我自己的通訊軟體介紹是「日拱一卒，偶爾猛進」，不僅激勵自己，也能給新朋友積極向上的形象，我在今日頭條、百家號、人人都是產品經理上的備註是：作家，著有《熵減法則》《熵增定律》《了不起的自驅力》《行為上癮》，一些看了我的文章並認可我價值的合作夥伴也會私訊我，想要和我合作。

所以對你來說，善加運用這些你能使用的廣告欄位，就能夠逐漸建立起你自己的個人品牌。

03 知名度

我們再來說說知名度。

知名度的確是需要一些努力的，但要如何努力就很講究了。有兩個方向特別值得你投入時間。

第一，建議你開始經營一個自媒體帳號。

你先別怕，經營自媒體沒有你想像中那麼困難。打開搜索引擎，花十五分鐘研究一下怎麼申請帳號，你就能在這個週末馬上開始你的自媒體之旅；就算你不喜歡部落格，註冊一個臉書帳號不難吧？

然後你就可以結合你的「價值」，開始輸出，無論是圖文、Podcast、影片，都可以。你還記得我們講過的第二步，不完美的開端嗎？開始比完美重要。

一開始你可以每周就寫五十個字，但只要你開始，能力就會逐步提高，我自己也是從寫不到五百字一篇開始的，到現在輕輕鬆鬆就能寫一篇三千字左右，結構和內容都比較完整的文章。

只要你寫，就開始有人看；有人看，有點閱數，你就能獲得回饋，獲得大腦獎勵；有了大腦獎勵，你就有動力持續行動；有了持續行動，你的表現會越來越出色，你的觀眾也會越來越多，自然就逐漸建立起知名度了。

第二，建議你把握每一次分享的機會。

當你的知名度提升後，自然而然會有人邀請你針對你的「價值」做分享。我第一次分享的經驗，是作為學員參加了一位老師的線下分享會，然後在線下分享會中表現得很積極，於是老師就邀請我在下個週末，在群組做一次關於時間管理的分享。

然後我就開始認真準備，準備了一週，到了約定時間，拿著逐字稿一句話一句話地在群組發表語音訊息，結果當天的效果很好，許多同伴為我加油，讚許我的分享讓他們受益良多。這讓我獲得了大腦獎勵，讓我後來開始更高頻率地做各類分享，在每次分享中累積經驗，後來還被長沙李自健美術館、上海靜安紅酒莊園等機構邀請去開各類線下分享會。

知名度是一座山，你每走一步，就離山峰更近一點。

04 社會資本

最後是社會資本。

聽到社會資本，好像有一種離我們很遠的感覺，是吧？其實沒那麼可怕，你的小學同學，你的大學室友，你的前同事、前主管，他們都是你的社會資本，就看你平時怎樣維護與他們的關係。

你可能聽過鄧巴數定律，是說一個人的有效社交人數大約是一百五十人，而根據二八法則，關鍵社交人數則為三十人，

也就是說，這三十人會對你產生重要影響，也就是你的社會資本。

你可以根據他們對你的影響力和你的親密度，以及他們和你的差異性，以一到三分來評分，然後根據影響力×親密度＋差異性做為綜合得分，從而整理出你的社會資本地圖。

對於這三十位對你有重大影響的社會資本，你需要做什麼來維護關係呢？

第一，每一季至少和他們產生一次互動。比如我第一本書的合作夥伴，我幾乎每一季都會和他聊聊，向他請教一下圖書出版業的情況，每次都能給我很深刻的產業洞察。

第二，學會感恩。人際互動不能一味索取，你可以在精神和物質上回報對方。比如你知道你的前同事最近遇到了育兒難題，那就可以把你看到的某一篇很好的育兒類文章傳給對方，讓對方感覺你在關心她。

還有感恩節的機會一定要把握住，尤其是你的老師和前主管，真誠地回憶過去他們對你的幫助，他們的人生經歷，總是會在往後某些不經意的時刻為你帶來啟發。

當然，隨著你個人的發展，你的關鍵三十人社會資本地圖必然會升級，每半年調整一次，拿出來梳理回顧一番，一次聯絡和對談，可能就會對你產生很大的影響。

小結

更高效率地獲取和累積優質人脈的公式：優質人脈＝可靠×（個人品牌＋知名度＋社會資本）

1. 可靠：要盡可能給別人低期待，然後提出一個高回報。
2. 個人品牌：個人品牌＝價值×識別度×曝光頻率。
3. 知名度：兩種高效率方法，分別是從今天開始經營一個自媒體，以及把握每一次分享。
4. 社會資本：找出人際關係中最重要的三十個人，用頻繁聯絡和感謝與他們互動，讓彼此都能受益。

我自芬芳，蜂蝶自來。當你學會了這套優質社交的方法，它就能幫你繞過惰性，戰勝很多不努力拓寬人脈的偽勤奮者。

第五節 高效學習

讓人欲罷不能的上癮學習法！

上一節，我們一起過了「社交關」，說了高效率獲取和累積優質人脈的方法，用公式幫助自己繞過戰術上低效率勤奮的惰性，最終達到「我自芬芳，蜂蝶自來」的境界。

這一節，是「學習關」，我會向你介紹兩種學習方法，讓你也學習上癮，欲罷不能。

01 遊戲化學習

第一種上癮學習法叫作「遊戲化學習」。

很多人買了一堆書或者在手機裡下載了許多書，但總是看了幾頁就沒有然後了。這是為什麼呢？事實上，學習知識是反人性的，人類大腦會趨樂避苦，因此你用手機看短影音一看能看兩個小時；但如果沒有額外動力，看書，尤其是看很難懂的書，看五到十分鐘，大腦就疲勞，不想看了。

所以，學習知識我們需要「遊戲化」，需要讓大腦興奮起來。而「遊戲化學習」的功能正是讓學習過程可以變成如同玩遊戲一般升級打怪的體驗，別人覺得你怎麼那麼有意志力，每天、每周、每個月都在努力學習，但他們不知道的是，你這哪是什麼堅持，分明是學習學得很興奮，根本就停不下來。

這是怎麼一回事呢？這是因為這種學習模式，是一種遊戲化學習。遊戲化思維最早來源於美國賓夕法尼亞大學的兩位教授，凱文．韋巴赫（Kevin Werbach）和丹．杭特（Dan Hunter）。遊戲化思維被簡稱為ＰＢＬ，接下來我會詳細來和你說明什麼是ＰＢＬ，包括微軟、勤業眾信、耐吉、阿里、騰訊在內等全球知名公司皆使用它，取得了優異成果。兩位教授發現，一套體系之中，只要包含三種元素，這套體系就能讓人「上癮」，欲罷不能。

什麼是ＰＢＬ呢？ＰＢＬ這三個字母又分別所對應著哪三個不同的單字呢？我們一個個來看。

Ｐ，就是Point，代表積分或點數。這是一個參與者在完成某個規定動作後可以得到的積分，是一種對行為過程的鼓勵。

Ｂ，對應的是Badge，代表徽章。這是遊戲化系統給予的榮譽表彰。

L，對應的是Ladder，直譯是梯子，實際上是排行榜的意思。人類是一個天生愛比較的物種，一個每隔一段時間就會變換名次的排行榜，對人們的激勵作用非常顯著。

在PBL遊戲化思維的兩位祖師爺凱文．韋巴赫和丹．杭特看來，任何系統，只要包含PBL這三種元素中的一到兩種，就能大舉改變人們的行為，讓人做了還想做。

02 遊戲化社群

你可能會說，PBL的確是一個蠻有意思的理論，但光知道這個理論也沒用，如何將這套思想運用在實際的學習過程中才是關鍵。

別急，在這個行動網路發達的時代，市場上早就已經有很多成功經營遊戲化學習的社團了。參加學習的人只需要繳交相當低廉的押金，比如一百元，就能參與其中。一百元中的八十元會變成獎金池，用來獎勵認真學習的人；剩下的二十元則是經營該社團管理員的行政費。

在這場遊戲化學習中，只要你每天認真學習社團指定的書，產出五十字以上的讀書筆記，就完成了當天的打卡任務，能獲得十點積分；學習社團裡會有專門的記錄委員記錄每個人的完成和積分狀況，每天製作排行榜。

二十一天的學習週期結束後，獎金池裡的錢就會平分給完整堅持每天學習打卡的同學。比如總共參加學習的同學一共一百人，那麼獎金池裡的總獎金就是八十乘以一百等於八千元，而最終完成學習的如果是五十人，那麼每個人就相當於投入一百元，總金額八千元除以五十人，也就是一百六十元。投入少，產出多，而且還能真正學到東西的環境，難道不好嗎。

不過你可能會說，如果每次我都堅持不了，我就眼看著自己的錢白白扔到水裡嗎？那這種遊戲誰還會來參加啊？是的，你可能第一次的確是把錢扔到水裡了，但第一次挑戰失敗的人通常都能在第二次或第三次挑戰成功。為了養成一個學習的好習慣，讓學習這件事情不再枯燥，幾百元的學費又算什麼呢？

03 費曼學習法

遊戲化學習解決的是學習知識的基礎動力問題；第二種方法不僅能讓你學到真正將知識內化，還能開啟副業，這又是怎麼回事呢？

這種讓人上癮的學習方法叫作費曼學習法。很多人可能會發現，自己看完一本書或學習完一個內容卻印象不深，看了學了也彷彿沒看沒學一樣。這種學習其實是一種無效學習，知識根本就沒有被消化吸收；而且會讓人產生一種學完不會用的挫敗感。

因此，為了解決這類只學皮毛，卻無法學以致用；書本過眼不過腦，知識無法留存的問題，你需要在學習之前先瞭解費曼學習法。這種方法可以說適用於學習任何知識，不管你是正在備考的學生，還是想要加強業餘技能的工作者，又或者是想輔導家裡的孩子學習，都可以用我接下來要介紹的這個方法。

那到底什麼是費曼學習法呢？它是諾貝爾物理學獎得主理查・費曼（Richard Feynman）發現的學習技巧，這個學習技巧主要包含四個步驟：

第一步，將你學到的內容解釋給別人聽。

為什麼要教給別人呢？就像我們前面說的，很多人只是學會了名詞，比如「行為原理模型B＝ATM」，學會這個名詞就覺得自己已經掌握了這項知識。但其實他們不一定真正理解，甚至可能只是用這個名詞敷衍自己而已。

但如果你能用淺顯易懂的文字，讓一個從來沒聽過該詞彙的人聽懂，才算真正掌握它。比如你可以用舉例的方式解釋「行為原理模型B＝ATM」給你的朋友聽。以下是範例：

我可能會跟他們解釋說：行為原理模型是由四個字母組成，B是Behavior，行為；A是Ability，能力；T是Trigger，觸發；M是Motivation動機。B這項行為由ATM這三個因子組成，缺一不可。

比如手機來電，你要接電話（行為）。如果手機鎖在隔壁房間，你沒鑰匙，進不去，這時，你就沒有能力接電話；如果手機的確有來電，但電話設成靜音，你就不知道要接，這是沒有觸發；又比如手機響了，它就在旁邊，但這位朋友天天打來騷擾你，讓你不堪其擾，你不願意接她的電話，這是沒有動機。

你看，這樣解釋是不是更容易讓人理解，能做出類似的解釋，也就意味著你已經掌握了這項知識。

第二步，回顧你在解釋中的停頓。

有時候在向別人描述今天早上看完的一本書講了些什麼內容的時候，會發現自己在某些重點部分卡住了，無法解釋。這是一次非常寶貴的回饋，相當於觸碰到自己的知識缺漏。

這時你再回去看那本以為自己已經學完的書，反覆閱讀，直到你再次講述這個重點時變得很順暢了，那就說明你已經真正掌握了這段知識。

第三步，將語言具象化或簡化、條理化。

這一步是將知識內化後再次輸出。需要做的是確保這段輸出沒有借用原素材中的任何專業術語，如果你還能根據這個知識，結合自己的經驗寫成一段有條理的小故事，將幫助你更深刻地理解你學習到的內容。

比如我自己在學習「熵增定律」的時候，讀到熵增定律有兩個條件，一個是「封閉系統」，另一個是「沒有外力做功」，這讓我想到以前出差住旅館，把自己關在旅館的房間裡寫作，一開始房間十分整潔，但隨著我把衣物堆放在椅子上，把文件攤開放在桌上，這個房間只要沒有清潔員進來打掃（系統封閉），或是我自己主動收拾（沒有外力做功），那麼這間旅館的房間，必然將從有序到無序，環境裡的熵能量會越來越多。

你看，透過如此具象的描述，熵增定律這麼難懂的內容，就變得很容易理解了。

簡化和條理化就更容易了。這本書之前的內容中，每次結尾部分都有複習回顧的小結，這個小結就相當於一次簡化、條理化的過程。比如我們學習了第一節，你就習得了B＝ATM的行動原理模型，又像是學習了「第六步」，你就收穫了觸發—行動—大腦獎勵的習慣模型等。

第四步，傳授給他人。

教是最好的學，也是你把學習內容變成副業賺錢的一種方法。比如現在你正在閱讀的這本書，它就是我自學行為心理學的產物。透過學習、整理，我先是把這些內容製作成付費課程；現在，我又把這門課程撰寫成書籍，讓你學習。

所以，當你也能把艱澀的概念變成簡單易懂的文字；回顧你在解釋中的停頓，複習鞏固並重新輸出；通過具體化、簡化和條理化，又把知識變成故事和模型。

那麼你的這些輸出也可以變成圖文、音檔、影片，在社群平台發表後賺錢啦。一開始我把整理好的學習心得上傳到社群平台，並多次拿到一千五到五千元不等的創作鼓勵獎金；我還因為分享了學習心得，而收到《好媽媽勝過好老師》尹建莉父母學堂的邀請，分享行為設計心理學在家庭教育上的運用，最後還出版了《了不起的自驅力》，這些都是意料之外又在情理之中的結果。

你雖然才剛剛開始，但假以時日，也一定能透過分享學習心得來開啟副業賺錢，並逐漸建立你的個人品牌和個人影響力。

而且就像我們習慣模型裡說的，觸發—行動—大腦獎勵，每次獲得獎金，每次受邀分享，每次寫出來的內容有人閱讀、點讚、評論，這些回饋都會構成大腦獎勵，這些大腦獎勵會不斷強化你的學習，讓你學習上癮。

小結

本節為你介紹了兩種高效率學習方法，讓你學習上癮，欲罷不能。

1. 第一種是「遊戲化學習」，找到一個使用PBL遊戲化思維的學習社團，讓你用符合人性的環境因素，讓你和一群喜愛學習的人一起透過點數、徽章和排行榜的玩法一起學習，學習上癮。
2. 第二種是「費曼學習法」，它一共分為四步，這四步分別是：

第一步，把你學到的內容解釋給一個小孩子聽；

第二步，回顧你在解釋中的停頓；

第三步，將語言具體化或簡化、條理化；

第四步，傳授給他人。

透過費曼學習法，你還能用副業賺錢，提升個人品牌和影響力，讓你在不斷產生大腦獎勵的情況下，強化學習行動，讓學習上癮，甚至讓你有朝一日，也能和現在的我一樣，向更多的人分享人類智慧。

第六節　職場轉型

如何更順利的達成轉型，與對抗「熵增定律」！

這一節，我們來過「轉型關」，和你說說，在現在這個VUCA[1]時代，如何更順利的達成職場轉型，與對抗「熵增定律」！

01 什麼是熵增定律

很多人會在職業生涯中遇到瓶頸，有些人是職業倦怠，每天早晨不想上班。有些人則是碰到職場天花板，雖然很努力，成效卻很低。會出現這兩種情況，都體現了「熵增定律」。

什麼是熵增定律？

舉個例子，你倒一杯熱水，放在桌子上，一開始熱水很燙，冒著白煙。但不到兩個小時，熱水就會慢慢變涼，直到和室溫趨於一致。一支新買的手機，你使用的時間越長，用起來就越卡。

物理學家和數學家魯道夫．克勞修斯（Rudolph Clausius）說，在一個孤立系統中，如果沒有外力做功，那麼環境中的運動都會因為摩擦力，在有限時間內停止，各種位能會消失，溫度也會趨於一致。最終，整個系統會退化為死氣沉沉、毫無生氣的一團物質。

對應我們的職場，如果你在一個封閉環境裡待久了，也會和身邊的同事越來越趨於一致，每天做的事情都在自己的舒適圈內，很可能會變成一個用一年經驗工作十年，甚至更久的人。

是的，這就是熵增定律。

大多數人在面對這個困境時，往往會被兩個問題死死纏繞：

第一，明明想要職場轉型，但卻遲遲拖延行動不了，該怎麼辦？

第二，能行動，但不知道怎樣職場轉型最有效？

下面我們先來討論第一個問題。

1　VUCA為波動性（Volatility）、不確定性（Uncertainty）、複雜性（Complexity）、模糊性（Ambiguity）的縮寫，指的是比任何時候都更加複雜以及不確定的時代。

02 如何克服拖延，擺脫路徑依賴

相信很多在職場打拚多年的人，都會有這樣的感受，覺得自己的職位越待越沒意思，工作中的價值感也越來越低，想要去更好的公司謀求更好的發展，但又覺得辭職跳槽都很麻煩，於是遲遲無法行動，待在老地方「混日子」，錯失一個又一個機會。

面對這種情況，我們不難發現，面臨人生關鍵點，我們第一個要突破的，就是上面說的這種「封閉思維」。

怎樣才能打破封閉思維，進入開放思維呢？答案是你要當心路徑依賴。

路徑依賴是一種慣性，是我們一旦做出某種選擇後，就會不自覺的不斷自我強化，以致於很難輕易走出去的一種困境，這樣一來，就造成了你的拖延。

像是假如你以前從事行政工作，可能已經習慣每天按部就班做著日常的事務性工作，如果突然要你去做新媒體經營，追熱門話題即時更新發文，一定感到十分恐慌；又或者你是一個汽車業務，你已經花了幾年的時間把各種汽車車型、內部模組背得滾瓜爛熟，此時如果要你轉行去做廣告業務，你也會覺得自己多年的功力被廢了，十分可惜。

的確，由於路徑依賴的存在，你雖然知道自己不得不轉型，但你的大腦依然會受到路徑依賴的制約，只要不是有意識地衝破依賴，突破封閉系統，諸如「等下個月、等下一季、等明年三四月求職季」這類想法就會充斥你的頭腦，讓你錯過許多機會。

我以前是做生產製造的，一方面，我原本也以為自己在這個圈子以外找不到其他可能；另一方面，又認為完全甩開過往的經驗會很可惜。可是如果我始終這樣想、這樣做，那麼我可能至今仍待在原來的舊環境，然後每天做同樣的事情，每天過著期盼下班、期盼過節放假的日子。

不過後來，你已經知道，我透過寫作，在工作之外找到了突破口，走出了生產製造的舒適圈，從此走出一條不一樣的路。

我可以擺脫路徑依賴，你也可以。

所以，接下來我們將要一起討論的內容，就是我根據前人的總結和自己的經驗，幫你用耗能最低的方式，擺脫路徑依賴，達成職場轉型，有效對抗熵增定律的方法。

03 兩種路徑

這兩種路徑，一條比較穩健，另一條相對激進。

先來說穩健的這條路徑，這條路徑，你需要內部轉調兩次和跳槽一次。

我假設你已經根據我們「第一步」的方法，找到了自己的人生使命。也已經知道自己想要去哪個行業的哪類職位，只是不知道如何實現。

我來舉個例子，比如有一個大學畢業生，他的第一份工作可能是在一家裝置製造商擔任製程工程師。這是一個專業整合度很高的職務，很多人雖然不喜歡，但做的時間久了，會發現自己開始變得擅長，接著由於路徑依賴的緣故，不願意輕易割捨之前的投入，走上了一條越來越專精的路。此時，如果他已經想清楚了要前往目標公司的目標職位，那麼他的第一步，就是以製程工程師為起點，盡一切可能，找到機會做第一次內部轉調，轉到諸如業務、行銷、人力資源、專案企劃、營運管理等絕大多數公司都存在的「通用職位」；

第二步，在「通用職位」上，習得技能獲得經驗，再以此為敲門磚，再一次跳槽，進入目標產業、目標公司的同類職位；

第三步，在目標公司中，工作滿一定的時間，接著再透過內部轉調，最終投入自己真正嚮往的工作。

這雖然是一個相對曲折的過程，可能會花費三到五年的時間，但整體來說，同時符合「換職不換行」「換行不換職」這些基本的職場轉換邏輯，所以自己不會因能力跨界太大而感到不適應，用人單位和部門也不會認為你不具備所需能力，從而將你拒之門外。

再說說相對激進的路徑，就是在現有的工作基礎上，去做副業，而且這個副業還需具備創造本身價值，和具備可感知價值兩種要素。

比如為什麼我能從一家傳統製造業的生產培訓工作大幅度轉行，成為網路企業的營運經理呢？

事後分析，「你想擁有某件事物，就要讓自己配得上它」這句出自《窮查理的普通常識》（*Poor Charlie's Almanack: The Wit and Wisdom of Charles T. Munger*）裡的話，貼切地解釋了其中的原因。

練習寫作，寫下了大量文字，並且用費曼學習法學習了行為心理學，這讓我具備了符合目前職務的核心價值。但光有核心能力還不夠，業務部門的老大憑什麼相信我一個從製造業出來的人具有價值呢？

所以，我還需要有可感知的價值。而最可感知的證據，就是我當時寫的兩本心理學方面的書籍，面試我的副總裁，也是因為這兩本書才說一定要見見我。但有出版物可能不是那麼廣泛通用，那怎樣才能讓更多普通人也具備這種可以量化的價值呢？

不用擔心時間，因為你要去做的這份工作一定是你發自內心喜歡的，並且還有二到五年的時間來達成。所以，你必須從今天就開始努力，在網路上留下文章、音檔、影片，或是其他任何載體的內容，在你感興趣的領域留下作品，作為你的價值累積。這樣一來，你也必將有機會獲得未來某個公司業務部門負責人的垂青，讓你成為他們的一員。

04 兩種管道

另外，除了理解兩種路徑，你還需要掌握和實踐提高達成轉型成功率的兩種管道。

內部轉調其實不太難。同在一間公司，利用專案協作、日常會議等方式，讓決策者認同和信任你，會比較容易內部轉調。我們下面主要說說要如何高效率跳槽。

投履歷一定不是捷徑，因為不認識的人資可能只會花十秒掃視一下你的履歷，所以你可以考慮這兩種方式：

第一，熟人推薦。

比如你現在處於一個通用職務，假設是營運部門，你經常參加線上線下的專業領域活動，手機裡一定會有幾個營運交流群組。在這些群組裡，時不時就會出現相關職缺的招聘資訊，如果你經常在群組裡參與討論，成員都認得你，那麼幫你把履歷順手轉寄給他們的人資，也僅僅是舉手之勞。

又或者你已經掌握了我們「優質社交」裡寫過的維護人脈方法，並且持續實踐，那透過人脈來推薦，得到面試機會的機率就更高了。

雖然熟人推薦未必能提升你面試通過的機率，卻可以大舉增加你履歷篩選的通過率。

第二，獵人頭推薦。

如果你實在沒有熟人，那也沒有關係，定期更新履歷，多強調你的價值，並更新至求職網站，獵人頭公司會透過搜索找到你的履歷。由於獵人頭公司每周都會接到新的企業需求，他們有足夠的動力設法聯繫你，詢問你換工作的意願。

這個部分需要特別提醒的是，不要因為有獵人頭來找自己，就洋洋得意，獵人頭的篩選工作實際上是一個漏斗，通常他們會把初步符合條件的候選人一起推薦給需求企業，而能否通過這層漏斗，則又回到了前面履歷篩選的步驟。

所以，獵人頭推薦雖然不能增加你履歷篩選的通過率，但能增加你被推薦給企業的次數。

無論透過哪種管道，你被目標公司選中面試了，那麼恭喜你，你的持續行動就產生了效果。離跨行業職場轉型，前往你心之嚮往的職位，也終於邁出了堅實的第一步。

小結

這一節，我向你介紹了對抗熵增，往你想去的方向轉型的範式：

1. 如果你發現自己目前的職位不是心中喜歡的，千萬別路徑依賴，複習前文戰勝拖延的方法，對抗熵增定律，完全可以做到跨行轉型。

2. 跨行轉型有兩種策略：其中比較穩當的策略，需要你先內部轉調到通用職位，接著跳槽進入目標公司，然後再次內部轉調到達目標職位；激進策略則要求你在現有職位的業餘時間找到吸引你的領域，並在此領域累積價值，從而讓目標公司業務負責人對你產生興趣，有機會成為他們的一員。

3. 掌握和實踐提高達成轉型成功率的兩種管道，透過行動建立熟人推薦管道和獵人頭推薦管道，讓你的履歷篩選通過率和被推薦次數增加，以獲得面試目標職位的機會。

第七節 個人成長
怎樣構建自己的「第三空間」，做深度修行？

上一節，我們一起過了「轉型關」。

本節是自律上癮的最後一關，「修行關」，到了這一關，你已經做好了各種準備。接下來，為了實現人生躍遷，你必須通過「修行關」，因為只有這樣，你才能在有策略地成為更好自己的道路上，累積你的優勢，並且最終做成一件大事。

01 私人專案

物理學家萬維鋼曾經在他的專欄《精英日課》中講到過華裔數學家、美國加州大學數學系終身教授張益唐的故事。張益唐沒成名前經濟拮据，只能去餐廳當會計賺錢。

不過雖然生活窘迫，張益唐仍舊持續在工作之餘做數學研究，那時候是二十世紀八〇年代，他自己做這些研究是沒有收入的，但他依舊周周做，每天做，放到今天，十足就是一個斜槓中／青年。然後有一天，張益唐終於破解了「孿生質數猜想」的關鍵一步，結束了從西元前三百年歐幾里得開始，到二十世紀後半段，超過兩千年的數學未解之謎。

張益唐在他自己的「第三空間」深度修行，做成了一件大事。萬老師緊接著就說，他自己在全職做物理研究時其實也有「第三空間」。當時他在寫一本和物理專業毫不相關的書，他認為進行這種秘密任務的感覺非常好。萬老師原本的說法是：「白天的你是一個身份，晚上的你還有另一個身份，沒人真正瞭解你，只有你自己知道你在做的是什麼……就好像地下黨員一樣，你說刺激不刺激。」

真的很刺激，因為我也有做私人專案的經驗。我向你介紹過，正常時間我在傳統製造業上班，但每天早上五點到六點，我還有另一個身份，我也像萬老師一樣在寫書，而且最初的這兩本書寫完後，不僅讓我完成了跨行業轉型，更重要的是，從此之後，還定下了這輩子要寫五十本書的人生計劃。

那怎樣才能展開秘密專案，平穩地進行計劃，去做一件大事呢？

答案是：你需要構建自己的「第三空間」，做深度修行。

02「第三空間」

那要如何構建這個「第三空間」呢？它由三個要素組成，分別是：第一，一個具體清晰的專案；第二，日復一日地規定動作；第三，不被打擾的私人空間。

我們先來說說什麼是具體清晰的專案。

如果你現在還是不太清楚自己的人生使命是什麼，我建議你先重新看一下第一步那一講。我先假設你已經找到自己的人生使命了，那你就要設法開始一個和你的人生使命相關性很強的專案。

我以自己的狀況來為你舉例，我的人生使命是寫作演講，而現在我正在做的「戰勝拖延三十講」這門課程，正是和我的人生使命高度相關、一份具體清晰的專案。它是一門音檔課，這門音檔課由文稿和音檔兩部分組成，總計三十講，每講十二分鐘左右，這意味著我需要準備每篇三千五百字左右的文稿，文稿又需要包含真正有價值的內容。

那麼下一個問題就來了，怎樣才能真正有價值呢？這就要求我輸出的內容不能東拉西扯，不能是碎片化的內容，而要以系統化、結構化的形式呈現，並以最容易理解的語言來表述。所以在撰寫課程之前，我必須有一個邏輯縝密、經得起推敲的課程大綱，這也是在購買課程前，在詳情頁看到的，以「道、法、器、術」為主要邏輯的目錄。

所以你看，當你依據自己的人生使命找到專案，並且把這個專案梳理清晰，做任務分解，實際行動起來效率才高，會特別有章法，每一步行動都有用。

你可能會問，專案要怎樣拆解得清晰明瞭這個部分你講得蠻清楚了，關鍵是我現在沒有專案，這才是我的問題。我想說的是，開始比深思熟慮更重要，現在短影音、音檔、圖文內容都如此發達，如果你喜歡美食，你可以從美食短影音開始；如果你熱愛旅行，可以從旅行遊記著手；如果你偏好健身，健身部落客在一些平台的內容很受歡迎。

所以，你得為自己劃定一個內容範圍，可以從任何一個角度切入，開始規劃一個清晰具體的專案。

03 日復一日地規定動作

什麼是規定動作，就是你每天無論如何都要去做的事情。對我來說，每天早上五點到六點，我為自己定下的規定動作是根據安排，寫五百字的文稿。

在我道行尚淺，文字功力還沒現在深厚的時候，我每天早上只能寫一百字，但隨著不斷練習，五百字於我而言只是十到十五分鐘的事情，狀態好的時候，五點到六點這一個小時，兩千字也就一氣呵成寫完了。一下子完成了四天的任務，我這個星期就會輕鬆很多，這樣週末我也有更多時間陪伴家人。如果覺得自己太輕鬆，可以同時安排自己去寫一些熱門文章，在各大平台擴大自己的知名度。

做短影片的道理其實是一樣的。比如我在社群媒體上看到的美食部落格主有二十出頭的年輕人，也有四十多歲的中年部落格主，他們往往都能燒一手好菜，產出也相當穩定，一般也會以每周兩支短影片的頻率上傳他們的作品，收穫流量，每隔一段時間也都會接一些業配，做一些流量變現的經營。

日復一日規定動作的關鍵不是某一天投入特別長的時間，而是哪怕每天只投入二十分鐘，但不能停。因為就算只有二十分鐘，一年下來也有七千三百分鐘，相當於一百二十多個小時。要知道，根據「一百個小時」定律，你在任何技能樹上投入的時間超過一百個小時，你在這件事情上的能力必然會超過身邊九五%的人。

04 不被打擾的私人空間

匈牙利心理學家米哈里．契克森米哈伊（Mihaly Csikszentmihalyi）提出過一種被稱為「心流」的狀態，它是我們從事某件事情時精神高度專注，從而物我兩忘的狀態。這種狀態通常會在完成某項較有挑戰，並且需要一定程度技巧的任務時出現，同時也需要你運用一定程度的技術時發生。

由於你在做的專案不是工作上指派給你的任務，而是符合你人生使命的，你自己主觀選擇的事件，所以它對你來說必然不無聊，否則你不會去選，這件事情一定得具備相當的挑戰性；同時這件事情的難度也會隨著自身能力的提升不斷遞增。所以，有很大機率這個具體清晰的專案能讓你進入心流狀態，感覺物我兩忘。

同時，你必須讓這段進入心流的時間不受打擾，它是屬於你一個人的私人空間。

要怎麼構建這個不被打擾的私人空間呢？

答案是，要麼晚睡，要麼早起，要麼去一個沒人認識自己的地方修行。但是考慮到晚睡相當於手機電量只有五%左右還要繼續工作，既傷身體，又容易導致焦慮；去一個沒人認識自己的地方，比如圖書館、咖啡館，又太浪費交通的時間精力，所以我還是建議你透過早起的方式，在家裡，把早上的時間變成你不被打擾的私人空間。

擁有獨立「第三空間」的高效能人士都是差不多的。當你也能早起完成具體專案的規定動作時，你的秘密專案就會每天都在往前推進，終有一天，你的深度修行會幫你完成一件大事。

小結

構建「第三空間」對你的意義，以及實際構建的方法由三個部分組成：

1. 你要有一個符合你人生使命的具體專案，並清楚分解專案任務；
2. 分解出來的專案任務要能變成你每天的規定動作，而且這些規定動作不在一日之功，而在於日拱一卒，哪怕每天僅僅做二十分鐘；
3. 有不被打擾的私人空間，而擁有它最好的方法是早起。

結語
你好！高效能自律者

上一講，我們一起過了「修行關」，講了構建「第三空間」的意義以及實際構建的方法。

這一講是我們的最後一講。前面我們透過A計劃五大思維模型的內心塑造，B計劃九步層層遞進的戰法，以及十九個幫助你提升效率的工具，和個人精進路上的七個關卡情境，已經做好了一個高效能自律者在認知層面上絕大多數的準備工作。

在這最後一講，我希望在你將認知內化的同時，在你這艘船和我這艘船於大海上齊頭並進了一段時間，即將離別之際，最後再留給你三個囑咐，希望你能在拖延症再次襲擊你時，效率再次低下時，用它們來提醒自己，不再走上彎路。

01 第一個囑咐：有意識的意識

從本質上講，我們這本書是一本心理學相關的書籍，是希望你用最符合人性的方式，通往你心之嚮往的地方。

要做到這一點，我建議你從下面三個方面有意識地去思考、回顧和設計你日常的動作。

首先，你要有意識地校準你的方向。

為什麼「不忘初心，牢記使命」要作為一個口號大力傳播？因為這正是我們作為一個人最容易忽略的部分。所以，在你前行的路上要真的追隨你心裡的聲音。這就意味著你要時刻留意你內心的感受，在每天、每周持續前進的時候，千萬不要用意志力去堅持，因為要動用意志力，就意味著這不是一件你非做不可的事情。

就如同我不會用意志力告訴自己，這個星期我一定要寫兩到三篇三千字的文章，因為這是我的人生使命，一股無形的力量會推著我往前奔跑。所以，如果你還在動用意志力告訴自己一定要堅持去做什麼，你可能還是要回到原點，去認真思考自己的人生使命到底是什麼？

其次，你還要有意識地思考自己的選擇和動作。

我們大多數人每天都面臨著無數個選擇，要做出無數個行動。有些選擇來自壓力，比如任務的截止時間要到了，或者忙著重要但不太緊急的事情時，一個電話打來，要你去忙另一件重要程度一般但火燒眉毛的事；有些動作來自情緒，比如你面對一個機會，由於恐懼不敢接受任務；或者因為擔心別人說自己愛表現，而放棄一次對自身有幫助的表現機會。這都是下意識的結果。

這類選擇和動作背後的因素有很多，如果能夠有意識地思考每個選擇和動作背後的因素，就能清楚分辨哪些選擇和動作是好的，哪些又可以有意識的去干預，這樣做能讓自己大多數選擇和你想要達成的目標產生聯繫。

再者，還要有意識地善用心理學和腦科學的獎勵機制來為自己製造回饋，形成大腦獎勵，製造不斷前進的動力。

尤其在剛開始的時候，還不知道某件事是否真的是自己的人生使命，這個時候一定要想辦法製造回饋來形成大腦獎勵，這樣才能激勵自己接著嘗試，直到真正瞭解到它大概的全貌，有機會傾聽你的內心，瞭解到這是不是你的心之嚮往。

比如我自己，在二〇〇八年時寫過一本七萬字左右的書，但當時我是硬撐著，花了幾個月的時間一口氣寫完，再從網路上找到幾十個出版社的聯繫方式，一個個打電話過去問他們能不能出版，後來好不容易找到了一間算是有興趣的，結果對方要我全文修改，反覆修改，再反覆修改，修改到沒有心理能量，這本書最後就這樣無疾而終了。

當我再次坐在電腦前寫作的時候，七年已經過去了。

現在回過頭來看，如果剛開始做選題策劃的時候，就能和出版社編輯緊密交流，針對方案達成共識，這樣就能為大腦帶來獎勵。接著每寫一部分再和對方進行一次溝通，每次都能獲得一個里程碑。這樣一輪輪走下來，一本雙方都滿意的書就寫完了。

寫書的例子對你可能不適用，但這個方法背後的原理是通用的，也就是不斷製造回饋，不斷獲得大腦獎勵。如果你實在不知道該怎麼為自己製造回饋。最簡單的辦法就是在每天晚上七點五十分覆盤的時候，有意識地寫下自己這一天在想要推進的目標上，有些什麼樣的進展或結果。

這樣就可以將行動結果可視化，清晰的成長路徑能帶給我們自我效能感，自我效能感可以讓你更有信心、更有力量繼續前進。

02 第二個囑咐：有策略的意識

關於策略，我想分兩個部分來講。

真實世界存在著已知和未知兩種知識。

已知的知識是對過去的總結。簡單一點的已知知識，比如在一個標準大氣壓下，把水燒開的時候，水溫會達到攝氏一百度。複雜一點的知識，就好比我們這門課程中講到的一些心理學原理，諸如：損失厭惡效應、慢思考和快思考，還有工具方法，像是：OKR、WOOP心理思維四步法等。

事實上，我們以前在學校裡學習到的，幾乎都是已知的知識，它們絕大多數都是我們能在書本上、網路上找到的知識，只是你以前不知道這個知識有什麼作用，或是不知道它的存在而已。

針對這些已知的知識，尤其是有價值的知識，要有意識地用策略來提升這些知識在腦海中留存的效率。具體的方法我已經在「高效學習」這個章節跟你說過了，遊戲化學習或是費曼學習法都是很適合的策略。

未知的知識，是我們需要探索，或是在某些相對個人的情境中驗證的。探索我們先不說，因為探索的難度太大。我們主要說明在個人情境中驗證，這是我現在想要重點說明的內容。

什麼叫作要在個人情境中驗證呢？比如你想升職加薪，升職加薪的前提條件之一，是你和主管的溝通要比較順暢，而你不知道要怎樣才能讓你們之間溝通順暢。正因為不知道，你就一直拖延，結果你們的溝通模式始終停留在原有的情況，讓你很吃虧。

所以針對這種個人情境，就要有意識地先去蒐集那些已知的知識，內化這些知識後形成策略，接著運用這些策略嘗試和主管互動。

有一句話很傷人，叫低效率的人總是用同樣的策略做事，然後不得不更換目標；高效率的人總是用不同的策略做事，始終緊盯同一個目標。

有策略的意識，意味著要以同一個目標為基準去審視策略，並且不斷形成新策略，然後去測試這些策略，直到找到有效、高效的策略。

而是否有這種習慣，還是主動或被動地拖延著，懶於更換策略，才是決定你這艘船是否能抵達心之嚮往彼岸的根本區別。

03 第三個囑咐：戰勝拖延，持續蛻變的五個等級

在離別之前，我想再給你一把尺，去審視自己的戰勝拖延水準達到了什麼樣的境界。這裡用相對有儀式感的方式來描繪這五個等級：

等級一，**草船**。你剛剛開始實踐自律，目前仍然習慣使用快思考的下意識反應來與自己的意志力較勁。具體表現為三分鐘熱度，習慣設立目標，但往往以失敗收場。

等級二，**帆船**。你開始學習自律上癮的方法論，知道時間管理四象限，開始規劃自己的時間，但無論是學習還是行動都流於形式，執行效率也偏低。

等級三，槍桿艦。你知道許多策略，發現自律上癮的本質是行為設計心理學，對各種方法論已經爛熟於胸，並且能在小型專案中做到自律不拖延，但對整個人生缺乏思考。

等級四，戰列艦。你找到了自己的人生使命，對知識結構有清晰的梳理，已經可以輕鬆做到早睡早起，每個階段都能獲得回饋，每年都能交出若干優秀的成果。如果能達到戰列艦的水準，你已經很棒了。

等級五，航空母艦。你能不斷反覆思考自己的成果，還能幫助周圍的人，影響他們成為更好的人。大家給你的第一個標籤是自律，也都很願意和你一起自律。恭喜你！你已經成為真正自律上癮的高效能自律者！

對照以上五個等級，評估一下自己目前的狀況。同時，如果你不是走馬看花泛泛地閱讀，而是認真實踐我們這三十節的內容，那麼你可以在幾個月後輕鬆達到戰列艦的水準。而如果你不僅能身體力行，還能成為一個自律「發動機」，帶動身邊的人一起學習實踐，那麼終有一天，你也能成為一艘戰勝拖延的航空母艦。

04 最後，除了囑咐，我還想給你祝福

這句祝福詞來自《湖濱散記》：

「當你的夢想實現時，關鍵並不是你得到了什麼，而是在追求的過程中，你變成了什麼樣的人。」

好了，本書的內容到這裡就全部結束了，但結束不代表告別。因為我此生預計會撰寫五十本書，每本書都可能與你的需求不期而遇。

期望我的輸出能幫助夢想成為戰列艦甚至航空母艦的你。還有，如果我輸出的任何內容對你有幫助，也希望你分享給更多需要的朋友們，實踐屬於你的「法佈施」。

我是行為設計心理的研究者和實踐者何聖君，希望本書只是我們彼此成就的開始，因為人生所有的修煉，都只為了在更高的地方遇見你。

後記

這是我寫完的第九本書，根據完成五十本書的目標，完成度為一八％。

很多第一次得知我寫了九本書的朋友都會驚訝於我的高產能，甚至如果十年前的我穿越到今天，也會對此不敢置信。

這回應了這樣一句話：人們總是高估一年會發生的變化，而低估了十年會發生的變化。

不過，這些都是「果」，而非「因」。

所以，追溯原因，在此過程中，我一定要感謝幾個人：

第一位，是當年把我年度績效打了三分的主管，是這位主管讓我清醒。如果我一直待在那家企業，哪怕每年考績都被評價為五分，那我的生命歷程可能就會改寫，無法寫出如今這九本書，甚至至今都還在一個低效率的系統裡原地踏步。

第二位，是多位在茫茫人海中，幫助我共同發現與驗證寫作這項人生使命的朋友。特別是出版社的編輯老師與北京合生載物文化傳媒有限公司的蔣香香。沒有你們的發掘與協助，我也走不到今天。

第三位，就是捧著這本書的你。因為你能讀到這裡，說明你和我是一樣的人。今天的你，可能和十年前的我一樣，普通無奇；但只要你從今天開始實踐自律，將自律變成每天生活的一部分，並且在一個方向上努力前行。那麼我也期待十年後的你，再來與我共同回首過去，一起暢談一路走來的奇遇。

祝福你，祝你自律上癮，有策略地成為更好的自己！我們下一本書，再見！

參考資料

《了不起的我：自我發展的心理學》陳海賢 著
《領導力必修課：動員團隊解決難題》劉瀾 著
《沉思錄》馬可．奧理略 著
《與成功有約》史蒂芬．柯維 著
《異數》麥爾坎．葛拉威爾 著

《從A到A⁺》詹姆·柯林斯 著

《金字塔原理》芭芭拉·明托 著

《決斷的演算》布萊恩·克里斯汀、湯姆·葛瑞菲斯 著

《上手》許岑 著

《快思慢想》丹尼爾·康納曼 著

《清單革命》阿圖·葛文德 著

《見識》吳軍 著

《番茄工作法圖解》史蒂夫·諾特伯格 著

《人類大歷史》哈拉瑞 著
《行為上癮》何聖君 著
《都是基因惹的禍》泰瑞・伯漢、傑・費蘭 著
《富爸爸窮爸爸》羅伯特・清崎 著
《窮查理的普通常識》查理・蒙格 著
《心流：高手都在研究的最優體驗心理學》米哈里・契克森米哈賴 著
《熵減法則》何聖君 著

亞當斯密 037
自律上癮
從行為科學、腦科學出發，融合道、法、器、術，運用行為心理學，以28道策略讓你戰勝拖延、養成自律並樂在其中
Addicted to self-discipline

作者　何聖君

堡壘文化有限公司
總編輯　簡欣彥
副總編輯　簡伯儒
責任編輯　簡欣彥
行銷企劃　游佳霓
封面設計　周家瑤
內頁構成　李秀菊

出版　堡壘文化有限公司
發行　遠足文化事業股份有限公司（讀書共和國出版集團）
地址　231新北市新店區民權路108-3號8樓
電話　02-22181417
傳真　02-22188057
Email　service@bookrep.com.tw
郵撥帳號　19504465遠足文化事業股份有限公司
客服專線　0800-221-029
網址　http://www.bookrep.com.tw
法律顧問　華洋法律事務所　蘇文生律師
印製　呈靖彩藝有限公司
初版1刷　2024年11月
定價　新臺幣400元
ISBN　978-626-7506-32-5
978-626-7506-31-8（Pdf）
978-626-7506-30-1（Epub）

國家圖書館出版品預行編目（CIP）資料

自律上癮：從行為科學、腦科學出發，融合道、法、器、術，運用行為心理學，以28道策略讓你戰勝拖延、養成自律並樂在其中＝Addicted to self-discipline／何聖君著. -- 初版. -- 新北市：堡壘文化有限公司出版：遠足文化事業股份有限公司發行, 2024.11
面；　公分. --（亞當斯密；037）
ISBN 978-626-7506-32-5（平裝）

1.CST: 自律　2.CST: 行為心理學　3.CST: 自我實現

176.8　113016033